이 욕이
아무렇지
않다고?

십대톡톡_03

이 욕이 아무렇지 않다고? 월간 책씨앗 선정, 아침독서신문 선정, 학교도서관저널 추천

펴낸날 초판 1쇄 2023년 11월 23일 | 초판 3쇄 2024년 6월 7일

글 권희린 | 그림 안희경
편집 이정아 | **디자인** 캠프 | **홍보마케팅** 이귀애 | **관리** 최지은 이민종
펴낸이 최진 | **펴낸곳** 천개의바람 | **등록** 제406-2011-000013호
주소 서울시 영등포구 양평로 157, 1406호
전화 02-6953-5243(영업), 070-4837-0995(편집) | **팩스** 031-622-9413

© 권희린, 2023 | ISBN 979-11-6573-463-3 43700

십대
톡톡
03

글 권희린
그림 안희경

처음 교단에 서던 날 어느 학생이 던진 말이 기억나.

"오늘 기분 좆같네."

엄청난 전쟁터에 들어와 신고식을 치르는 느낌이었지. 그 후로 '5분 비속어 수업'을 진행하며 올바른 말을 사용하자고 열심히 외쳐왔지만, 교실에서 마주하는 너희를 생각하면 10년이 지난 지금도 그대로인 것 같아. 아니 더하면 더했지 덜하지 않은 수준이랄까.

사실 처음에는 비속어나 은어, 줄임말, 급식체, 혐오 표현 등을 내뱉는 너희를 삐딱한 시선으로 바라볼 게 아니라 불안정한 청소년기를 지나는 통과의례처럼 자연스럽게 받아들여야 하는 게 아닐지 생각한 적도 있어. 어른이 되면 사회 분위기에 맞춰 언어도 자연스럽게 순화될 테니까. 그런데 너희 언어가 생각보다 빠르고 심각하게 온라인을 통해 재생산, 재확산되면서 그저 문화로 치부하기에는 많은 사회 문제를 양산하고 있다는 것을 알게 되었지. 성적인 의미가 담긴 비속어나 다른 사람을 아프게 하고 혐오하는 말을 아무렇지 않게 내뱉는 모습을 보며 이미 너무 많은 나쁜 말들에 스며든 것은 아닌가 걱정되었어. 왜냐하면 언어생활은 인간의 욕구와 감정까지도 변화시킬 수 있거든. 정서적으로 불안해지거나 성격이 난폭해질 수 있고, 어휘력과 문해력이 저하될 수 있지. 그러니 장기적으로 보면 사회의 일원으로 살아가는 데 많은 어려움을 겪을 수밖에 없거든. 그래서 그냥 지나칠 수가 없었어.

이 책을 통해 평소 너희가 사용하는 말 속에 담긴 의미를 한번 되새기고 자신의 언어생활을 돌아보았으면 해. '내 말이 어때서!'라고 생각했던 친구들은 언어와 관련된 이야기를 통해 '욕이 이대로 괜찮은 건가?'에 대한 답을 찾을 수 있을 거야. 꼭 어떤 행동의 변화가 일지 않아도 괜찮아. 다만 말에 담긴 의미와 그 힘에 대해 이해해서 뱉는 말 한마디에 신중해지고 말로 상처받는 사람들의 아픔에 공감할 수 있기를 바랄게. 그러면서 언어 표현에 대한 민감도를 높이며 언어 감수성을 키우고자 노력한다면 그것으로도 충분할 테니까.

차례

머리말 • 004

4

욕, 멈출 수 있을까?

3

욕, 이대로 괜찮을까?

애들아, 이 대화를 한번 볼까? 동생과 오빠가 대화하는 것 같은데, 선생님은 처음에 보고 너무 놀랐어.

욕이 많아서 불편하네요. 게다가 왜 동생을 '쌍년'이라고 저장해 두었는지….

 야, 요즘 다 저렇게 해. 친구들 이름도 욕을 섞어서 저장해 놔.

저게 진짜 현실 남매죠.

 선생님은 사실 이런 상황들이 굉장히 불편하게 느껴져. 그런데 너희들은 문화로 생각할 수도 있겠구나. 꼭 남매 사이가 아니더라도 학교나 그 밖의 생활에서 어떤 언어생활을 하고 있는지, 너희들의 언어생활이 궁금해지네. 한번 알아볼까?

호모욕쿠스가 된
우리

'호모욕쿠스'라는 말 들어봤어? 바로 욕을 통해 생각과 감정을 표현하는 등 욕과 밀접한 관계를 가지며 살아가는 인간을 뜻하는 신조어야. 2016년 국립국어원에서 실시한 '청소년 언어문화 실태 연구' 통계에 따르면 욕은 청소년기 남자아이들과 밀접한 관련이 있어. 남학생의 경우에 욕을 쓰는 빈도가 잦을 뿐만 아니라 친한 사이라면 욕설이나 비속어를 사용해도 된다는 인식이 있다고 해. 하지만 요즘에는 남학생뿐만 아니라 청소년 대부분의 일상에서 욕 습관과 문화는 떼려야 뗄 수 없다는 사실을 알고 있지? 게임하면서 속사포처럼 욕을 쏟아내고, 버스나 지하철, 길거리에서 누가 있든 없든 욕설 섞인 대화를 주고받는 청소년을 흔히 볼 수 있잖아. 뭐 그뿐이겠어? 수업 시간에 선생님 앞에서도 아무렇지 않게 욕하는걸.

"선생님, 이 새끼가 존나 짜증 나게 달라붙어요!"
"오늘 날씨 존나 덥네. 선생님, 에어컨 좀 틀어 주세요!"

처음 이런 말을 수업 중에 들었을 때는 '선생님에 대한 도전인가?' 싶었다니까! 시간이 지나면서 알게 되었지. 이게 너희의 또래 문화이고 자연스러운 일상의 언어라는 사실을.

어느 뉴스 프로그램에서 욕을 많이 하는 초중고 학생들의 언어 실태를 취재한 적이 있어.▶ 동의를 받아 카메라를 곳곳에 설치하고 학생들의 언어생활을 하루 종일 살펴보았지. 처음에는 다들 카메라를 의식했는지 말을 조심했어. 하지만 시간이 지나자 습관처럼 욕이 튀어나왔어. 아무렇지 않게 내뱉는 갖가지 거침없는 욕설은 기성세대가 듣기에 당혹스럽고 충격적인 수준이었지. 어떤 경우에는 차마 입에 담지도 못할 정도였어. 60분간 욕설을 43회 내뱉는 것을 확인했지. 1분 24초마다 욕을 한마디씩 내뱉은 거야. 그런데 정작 본인은 욕하고 있다는 사실을 전혀 인식하지 못했고, 욕이 빠지면 아예 대화가 안 되는 친구들도 있었어. 예전에는 대화에 욕을 섞어 쓰는 정도였다면, 요즘은 욕에 올바른 말을 섞어 쓰는 정도로 욕의 비중이 커진 거야.

도대체 요즘 청소년들은 어떤 말을 사용하고 있는 걸까? 그 말들에는 어떤 특징이 있을까? 요즘 학생들의 말 말 말, 한번 살펴볼까?

야민정음, 줄임말,
초성체로 통해요

모든 언어의 목적은 의사소통을 위한 것이지만, 청소년의 언어는 정보를 전달하는 것만큼이나 감정을 표현하는 데 많은 부분이 치우쳐 있어. 그러다 보니 감정을 표현할 수 있는 다양한 형태의 시각적 상징 언어를 사용하는데, 특히 야민정음과 초성체, 줄임말이 돋보이지.

'야민정음'은 특정 음절을 비슷한 모양의 다른 음절로 바꿔 쓰는 것을 말해.

> 🔖 야민정음 예시
>
> **커엽다** ≫ 귀엽다, '커'의 글자 모양이 '귀'와 비슷해서 바꿔 씀
>
> **댕댕이** ≫ 멍멍이, '댕'의 글자 모양이 '멍'과 비슷해서 바꿔 씀
>
> **띵작** ≫ 명작, '띵'의 글자 모양이 '명'과 비슷해서 바꿔 씀
>
> **세종머앟** ≫ 세종대왕, '대왕'의 글자 모양이 '머앟'과 비슷해서 바꿔 씀
>
> **괴꺼솟** ≫ 피꺼솟(피가 거꾸로 솟다), '피'의 글자 모양이 '괴'와 비슷해서 바꿔 씀

처음에 야민정음을 봤을 때는 솔직히 '저게 뭐야. 자꾸 뭘 댕댕이 같다고 하지?' 했는데, 새로운 것을 추구하고 싶은 욕망, 친구들끼리만 아는 단어를 공유하고 싶은 마음이 이런 말들을 만들어 내는 것 같았어. 기성세대는 야민정음이 한글을 파괴한다며 우려하지만 사실 선생님은 야민정음에 대해서는 좀 우호적이야. 왜냐고? 야민정음은 한글의 형태를 정확히 알고 있는 사람만이 만들 수 있는 글자 놀이라고 볼 수 있거든. 한글을 잘 몰라서 엉망으로 쓰는 게 아니라 한글의 구조를 잘 알고 변형시킨다면 사람들이 우려하는 것처럼 한글이 잊히거나 파괴되지는 않을 거라는 믿음이 있지.

줄임말은 청소년 언어문화에서 가장 두드러지는 현상이야. 한글뿐 아니라 대부분 언어에서 이루어지는 보편적인 현상이라고 볼 수 있어. TMI(Too Much Information) 많이 들어봤지? 줄이는 건 한글뿐만은 아닌가 봐. 갠소(개인 소장), 꾸안꾸(꾸민 듯 안 꾸민 듯), 겉바속촉(겉은 바삭, 속은 촉촉), 마상(마음의 상처) 등 엄청나게 많은 줄임말이 있어.

줄임말 예시

낄끼빠빠 ≫ 낄 때 끼고 빠질 때 빠지는 행위

복세편살 ≫ 복잡한 세상 편하게 살자

얼죽코, 얼죽아 》 얼어 죽어도 코트,
얼어 죽어도 아이스 아메리카노

아만보 》 아는 만큼 보인다

'초성체'는 한글의 초성만을 따서 쓰는 것을 말해.

초성체 예시

ㅇㄱㄹㅇ 》 이거레알, '이거 진짜야'라는 의미

ㅃㅂㅋㅌ 》 '빼도 박도 못하다'라는 말을 가리키는 빼박캔트의
초성

ㅇㅈ 》 인정, 인정한다

ㄷㄷ 》 덜덜, 덜덜 떠는 모습

줄임말과 초성체는 대부분 메신저나 SNS에서 많이 사용해. 왜 이런 말을 사용할까? 짧게 말하거나 쓰는 게 편하고 친구들이 대부분 사용하니까! 재미있어서! 하지만 줄임말과 초성체는 문장 성분이 생략되거나 생략이 지나치게 많아서 이해하기 어려운 이상한 말처럼 느껴지는 경우가 많아. 기성세대가 알아듣지 못하면 시대에 뒤떨어졌다고 여기며 세대 간의 갈등이 증폭

되기도 해. 예를 들어 볼까?

친구1 나 지금 카페 왔는데 뭐 좀 사 갈까?

친구2 크크크크 오, 진짜 좋네. 난 얼어 죽어도 아이스 아메리카노.

친구1 알았어. 그런데 진짜 그러다 너 얼어 죽어! 하지만 취향 존중해. 뭐 더 먹고 싶은 거 없어?

친구2 커피에 어울리는 걸로 알아서 잘 딱 깔끔하고 센스 있게 사 와. 겉은 바삭하고 속은 촉촉한 쿠키도 좋겠네. 말하니 군침이 싹 도네. 완전 내 스타일.

친구1 이거 진짜 맛있어. 좀만 기다려. 금방 사 갈게.

이 대화를 줄임말과 초성체를 사용하는 너희들 대화로 바꾸면 어떻게 될까?

친구1 나 지금 카페 왔는데 뭐 좀 사 갈까?

친구2 ㅋㅋㅋㅋ 오 개꿀. 난 얼죽아.

친구1 ㅇㅇ 그런데 레알 그러다 너 얼어 죽어! 하지만 취존. 뭐 더 먹고 싶은 거 없어?

친구2 커피에 어울리는 걸로 알잘딱깔센. 겉바속촉 쿠키도 좋겠네. 말하니 군싹. 완내스.

친구1 ㅇㄱㄹㅇ 좀만 기다려. 금방 사 갈게.

'알잘딱깔센' 이런 말은 처음에 정말 무슨 뜻인지 몰랐다니까! 배워서 익히지 않으면 절대 의미를 유추할 수 없는 그런 단어잖아. 보통 대화의 목적은 의사소통인데 이렇게 의미가 통하지 않으면 대화 자체가 성립되지 않겠지. 재미있는 거 선생님도 좋아하거든. 그런데 분명 한글을 사용했음에도 불구하고 말이 통하지 않는다면 심각한 사회 문제가 될 수 있어.

우리끼리만 아는 언어, 은어

청소년 언어에서 가장 두드러지는 특징은 바로 비밀 언어를 선호한다는 거야. 다른 사람들이 알아듣지 못하도록 자기들끼리만 아는 언어를 빈번하게 사용하지. 그들끼리 사용하는 은밀한 언어라고 생각하면 되는데 바로 이러한 언어를 '은어'라고 불러. 은어에는 줄임말과 비속어도 섞여 있어. 그런데 은어를 사용하는 청소년이 예전부터 있었다는 거 알고 있니? 은어는 옛 세대에도 만들어졌고, 그 또래끼리 사용해 온 유구한 역사가 있다는 사실 말이야.

1960년대 신문에서도 청소년이 사용한 은어를 실은 적이 있어.▶ 어떤 은어가 유행했는지 살펴볼까?

1960년대 유행한 은어

꼰장 ≫ 선생님		**형광등** ≫ 센스가 느린 사람	
김샌다 ≫ 실망하다		**짜가** ≫ 가짜	
건빵눈 ≫ 작은 눈		**ABC** ≫ 아이 보기 싫어	
검은도서관 ≫ 영화관		**다구리 튼다** ≫ 여럿이서 때리다	
295 ≫ 흑인(니그로)		**12시** ≫ 데이트(시침과 분침이 만나니까)	
박호순 ≫ 못생긴 여자 (순 호박을 거꾸로)		**드라이문** ≫ 건달	
포장공사 ≫ 화장		**청춘복덕방** ≫ 교회	
자갈공사 ≫ 여드름 짜기			

무슨 말인지 알겠어? 당연히 풀이가 없다면 어떤 말인지 짐작도 안 되는 단어들이 많을 거야. 그럴 수밖에 없어. 은어 자체가 자기들끼리 비밀스럽게 사용하는 언어니까. 1960년대에 살았던 청소년이 아닌 이상 우리는 당연히 알 수 없는 언어 세계이지. 그들이 이러한 은어로 쓴 글을 읽는다면 어떤 느낌이 들까? 단어만 해도 이렇게 생소한데 글은 마치 암호처럼 느껴질

수도 있어. 기성세대가 너희들의 은어를 대했을 때 어떤 느낌인지 알겠니?

　도대체 이게 무슨 말인데!

　절로 탄식이 나오겠지. 게다가 '박호순'이나 '자갈공사'처럼 옛날과 마찬가지로 외모를 비하하는 단어들이 많이 숨어 있어서 문제야. 은어는 신선한 표현으로 똘똘 뭉친 자신들만의 언어라는 자부심이 있겠지만, 결국 의사소통에 문제가 생기면 언어가 해야 할 진짜 역할에 브레이크가 걸리겠지.

선 넘는 은어

은어는 또래의 언어이다 보니 나이별로 조금씩 달라. 초등학생만 하더라도 '나대지 마', '시방'과 같은 말을 따라 하거나, '어쩔티비'나 '무지개매너'와 같은 유행어를 따라 하는데 그치다가 고학년이 되면서 비속어의 성격을 띠는 은어를 사용 하는 경우가 많다고 해.

　중학생은 사춘기라 그런지 패드립('패륜적 드립'의 줄임말로 부모님이나 윗사람을 욕하거나 개그 소재로 삼아 놀릴 때 쓰는 말), 엠이(엄마를 저속하게 이르는 말), 니기미('너네 엄마'의 줄임말로 상대방의 엄마를 욕하는 말), 담탱이(담임 선생님)처럼 부모나 교사를 적대적으로 표현하는 언어나 솔까(솔직히 까놓고)와 같이 비밀을 공유하는 은어를 많이 사용해. 고등학생은 여병추(여기 병신 하나 추가요), 안여돼(안경, 여드름, 돼지의 앞 글자를 딴 말로 세 가지를 모두 갖춘 사람), 잼민이(초등학생), 버터페이스(모든 것이 뛰어나지만 외모가 아쉬운 사람), 억까(억지로 까다, 특정 대상을 비판하거나 비난하는 이유가 말도 안 되는 억지인 경우), 잉여킹(쓸모없는 사람), 셔틀(심부름하는 힘없는 사람) 등 사람을 얕잡아 보고 조롱하거나 비난하는 은어를 많이 쓰지. 복세편살 나씨나길(복잡한 세상 편하게 살자! 나는 씨발 나만의 길을 간다)과 같은 욕설이 담긴 은어도 많이 사용하면서 언어의 선을 넘는 경우도 많아.

은어 자체를 그 나이 또래가 함께 사용하는 재미있는 말, 혹은 또래 집단을 결속시키는 말로 여기며 긍정적으로 생각하기도 하지. 하지만 은어들 가운데에서는 그 대상을 낮잡아 말하거나 성적性的으로 공격하는 경우도 많이 있어. 그렇기 때문에 계속해서 은어를 사용하면 자신이 어떤 말을 하는지, 누군가에게 상처를 주지는 않는지 전혀 알지 못한 채 자신의 언어 표현을 당연하게 여기게 돼.

비속어에 꽂히다

비속어는 통속적으로 쓰는 저속한 말로 점잖지 못하고 상스러운 말을 뜻하는 '상말'과도 같아. 사회적으로 격식에 맞지 않고 바람직하지 않은 어휘나 표현들을 가리켜. 대상을 낮추거나 낮잡는 말을 뜻하는 '비어'와 욕설과 같은 저속한 말을 뜻하는 '속어'가 합쳐진 말이라고 볼 수 있어. 그런데 가끔 자신이 쓰는 말 가운데 어떤 말이 비속어인지 잘 모를 때가 있어. 그때 무엇이 비속어인지 파악할 수 있는 확실한 방법이 딱 하나 있는데 그것은 바로 그 말을 부모님이나 선생님 앞에서 자신 있게 할 수 있는지 여부야. 의미는 정확히 모른다고 하더라도 뉘앙스는 정확히 알고 있기 때문에 아마도 부끄러움을 느낄 수 있는 사람이라면 비속어라고 생각되는 말을 어른들 앞에서 떳떳하게 할 수는 없을 테니까.

비속어는 사용 범위가 무척 넓어. 평소에 재미있게 말하기 위해서 사용하기도 하고 반항적이고 냉소적인 심리에서 쾌감을 느끼기 위해 사용하기도 해. 상대방과의 친밀감을 유지하기 위해 사용하기도 하지. 즉 우리의 모든 대화에 비속어가 많이 들어갈 수 있어. 게다가 비속어는 한 번 들으면 잊히지 않는 특징이 있어. 강렬하게 뇌리에 박히고 마음에 꽂히는 단어가 많거든. 조미료 듬뿍 넣어 만든 떡볶이가 삼삼한 나물보다 더 생각나는 것처럼 말이야. 게다가 입에 배어서 습관이 되면 잘 떨어지지도 않아. 그렇게 계속 비속어를 사용하면서 그 단어에 담긴 정서를 그대로 마음속에 담아내게 되는 거지. 두 손 가지런히 모으고 상스럽고 거친 말을 하지는 않잖아. 그런 말들을 사용하다 보면 상대방을 얕잡아 보고 무시하는 태도부터 갖게 돼. 나도 모르게 내뱉는 말들이 나의 태도와 마음가짐까지 쥐락펴락하는 셈이야.

비속어는 여러 형태로 나타나는데 단어나 문장의 경계를 넘어서 비속어끼리 아무런 규칙 없이 다양하게 결합하기도 해.

바보 멍청이
변태 새끼
걸레 년

이처럼 나쁜 의미를 가진 단어를 결합해서 새로운 단어를 만들어 더 강렬한 의미를 전달하기도 하지. 또한 수식의 구조를 통해 비속어의 의미를 강화하기도 해.

쓰레기 같은 새끼

인간 같지도 않은 놈

어떤 규칙도 없이 그냥 마구잡이로 단어를 붙여서 내뱉는 거야. 이렇게 함으로써 감정이 더 격해지는 경우가 많지. 발음의 편의를 위해 비속어의 초성만 남기는 경우도 많아.

ㅂㅅ(병신), ㄲㅈ(꺼져), ㅁㅊㄴ(미친놈)

이렇게 다양한 형태로 우리의 감정을 갉아먹는 비속어는 시간이 지나면 괜찮아질 거라는 염려를 비웃기라도 하듯이 강도가 더 세지고 있어. 처음에는 그냥 재미있어서, 친구들과 소속감을 느끼려고, 스트레스를 풀기 위해서 한마디 질러버리는 말들이었는데, 너무 다양해지고 일상에 깊이 뿌리박혀 버렸지.

그런데 사실 가장 큰 문제는 이 언어들에 우리의 말뿐만 아니라 정서와 행동까지도 모두 잠식되는 데 있어. 학창 시절의 유행이라고 치기에는 영향력이 생각하지 못할 정도로 너무나 크기 때문에 우리의 언어를 제대로 돌아봐야 해. 우리가 어떤 언어를 사용하고 있는지, 우리가 사용하는 언어가 무슨 의미를 가지고 있는지 말이야.

들어는 봤나,
신조어와
급식체

언어는 인류를 존재하게 만든 가장 큰 자원으로 단순한 의사 전달 이상의 수단이야. 세대에서 세대로 걸쳐 역사를 전달했을 뿐만 아니라 동시대를 살아가는 사람들 사이에서 삶과 인격을 나누는 도구로 사용하고 있지. 그렇기 때문에 언어를 사용하는 모습을 통해 그 시대 삶을 어느 정도 짐작할 수가 있어. 그런 의미에서 요즘 청소년이 사용하는 언어를 보면 청소년의 삶을 좀 더 구체적으로 가늠해 볼 수 있지. 그런데 신조어와 급식체를 마구 섞어 쓰는 오늘날 너희 대화는 맥락상의 의미는 짐작이 되지만, 단어가 지니고 있는 정확한 의미나 뉘앙스는 잘 모르겠더라고. 너희는 왜 신조어와 급식체를 쓰는 걸까?

신조어가 참신하다고?

신조어가 생겨나고 또 사라지는 현상은 자연스러워. 지금 이 글을 읽고 있는 순간에도 많은 단어가 생겨나고 잊히거든. 생각해 보면 2000년대에 유행한 즐(꺼져), OTL(좌절하는 모습), 안습(안구에 습기가 참), 당근(당연하지) 등의 채팅 용어를 보면서 어른들은 걱정과 우려를 표했어.

이대로 괜찮을까?

하지만 지금은 그런 단어를 잘 사용하지도 않고 그 단어로 인해 한글이 파괴되지도 사라지지도 않았지. 한글을 응용해서 새로운 방식으로 신조어가 만들어지면서 표현을 확장시키거나 새로운 언어를 창조해 낸다고 생각해서 신조어를 긍정적으로 보는 사람도 많아. 신조어 자체가 한글을 파괴한다기보다 신조어를 무분별하게 사용하는 사람들이 사회적인 문제를 야기한다고 볼 수 있어. 유행을 따라가는 느낌이 좋아서, 혹은 재미로 사용하다 보니 생각하지 못했던 지점에서 다른 관점을 만나게 되는 거야.

'확찐자'나 '-린이', '-밍아웃' 같은 단어들을 찬찬히 살펴봐. 사실 크게 잘못된 것 같지 않고 재미있는 표현 같아서 선생님도 자주 해시태그로 사용했던 단어들이야. 요리를 잘하지 못해서 익숙하지 못하다는 표현으로 요리와 어린이를 합쳐서 #요린이를 썼지. 그런데 '-린이'라는 표현에는 어떤 역량이나 경험이 부족한 사람을 어린이에 빗대어 비하하는 시선이 숨겨진 사실을 알게 되었어. 깜짝 놀랐지. 정말 그런 의미가 숨겨졌으리라고 생각해 본 적이 없거든. 아마도 헬린이, 수린이, 주린이와 같은 해시태그를 달고 있는 사람들이 있다면 선생님처럼 정말 모르기 때문일 거라고 생각해. 그건 잘못된 게 아니야. 아는 순간부터 고치면 돼.

누군가를 비하하는 말

'확찐자'도 마찬가지야. 처음에 이 단어가 뉴스 헤드라인에 떴을 때, 깜짝 놀랐어. 상황이 그대로 드러나면서도 재미있는, 너무 참신한 단어라고 생각했거든. 그런데 내 주변에 코로나19로 세상을 떠난 사람이 있다고 생각해 보니 이런 단어를 쉽게 입에 올릴 수 있을까 싶은 거야. 이 감염병 때문에 누군가는 고통스러운 후유증을 겪고, 누군가는 생계에 심각한 타격을 받았을 텐데 엄중한 전 세계적 재난을 농담 거리로 사용하고 있었던 거지.

'-밍아웃'은 성 소수자가 자신의 성 정체성이나 성 지향성을 공개적으로 드러내는 말을 의미하는 '커밍아웃'이라는 단어에서 왔어. 요새는 자신이 좋아하거나 지지하는 걸 말할 때 이 단어를 붙여 쓰지. 어떤 분야의 마니아임을 밝힐 때 '덕밍아웃', 털이 많은 것을 밝힐 때 '털밍아웃', 싱글인 줄 알았던 남자 연예인의 '부父밍아웃' 등 다양하게 쓰여. 하지만 성 소수자를 멸시하는 시선에도 불구하고 자신을 밝히는 무게감 있는 단어를 가볍게 사용하는 것은 결국 커밍아웃을 결정한 사람에 대한 예의가 아니라고 생각해.

벌레로 내몰며 혐오하는 '-충蟲'이라는 접미사를 붙인 '진지충'이나 성적이고 부정적인 의미의 접두사인 '씹-'이 붙은 **씹선비**를 들어봤지? 문화나 전체적인 성향을 적당히 넘기지 않고 하나하나 따지면서 진지하게 의견을

✦ **씹선비** 조선 시대 '선비' 앞에 여성의 성기를 비속하게 이르는 '씹'을 붙여 융통성이 없고 꽉 막힌 사람을 부정적으로 표현하는 말

내는 사람을 뜻해. 자유롭게 의견을 내거나 솔직한 사람을 답답하고 융통성 없는 사람으로 낙인찍는 말이지. 과연 신조어는 재미있고 참신하기만 한 걸까?

재밌고 편한데 왜?

청소년의 언어생활에서 문제가 되는 부분은 또 있어. 바로 한글 표기법대로 사용하지 않고 줄임말을 사용하는 거지. 앞에서 청소년은 야민정음, 줄임말, 초성체 등 시각적 상징어를 선호한다고 했잖아. 이 가운데 줄임말이 엄청나게 두드러져. 십 대 청소년 열 명 중 일곱 명은 일상적으로 줄임말을 사용한다고 해. 표기법에 맞추려고 신경은 쓰지만 습관적으로 줄임말이나 신조어를 사용하게 된다는 거야.

친구들하고 신조어나 줄임말을 주고받다 보면 너무 편하고 남들은 모르는 또래끼리의 언어라서 굉장히 짜릿할 거야. 자연

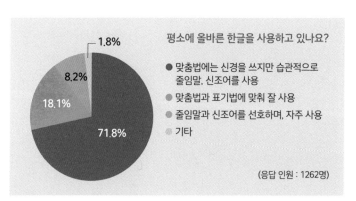

올바른 한글 사용에 대한 설문 조사

스럽게 올바른 표현보다 줄임말이나 신조어를 더 사용하게 되면서 거리낌 없어지겠지.

이렇게 말하는 게 뭐가 크게 잘못이겠어!

하지만 간혹 올바른 언어를 사용하는 친구들을 오히려 '진지충'이나 '썹선비'라면서 조롱하는 건 어떻게 생각해?

의미만 통하면 되는데 왜 군이 긴 문장으로 써?
맞춤법에 맞게 쓰면 더 오래 걸리고 복잡한데!

맞춤법에 맞춰서 제대로 말하면 벌레가 되고 맞춤법에 어긋나는 표현을 자유자재로 쓰면 참신한 인싸가 되는 현실. 가끔은 도대체 뭐가 옳고 그른지 자꾸만 헷갈리는 거 있지?

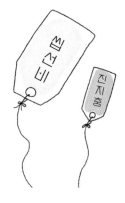

신조어 안에 급식체 있다

사직서

성명: 김철수
소속: 마케팅팀
직위: 대리

앙~ 대표쩡~ 부장님 인성이 오지고 지리고 렛잇고 아리랑 고개를 넘어서 소쩍새가 지저귀는 부분이고요?

일이 너무 빡세서 좌로 에바쎄바쌈바디바 참치넙치꽁치삼치갈치인 부분입니다~ 이거레알 반박불가 빼박캔트인 부분 지리구요~ 대표님도 인정? 이사님 사내정치는 진짜 지리구요 오지고요 고요고요 고요한 밤이고요. 실화냐? 다큐냐? 맨큐냐? 이 회사를 다닌 게 후회된다면 후회할 시간을 후회하는 각이고요~ 동의? 어 보감ㅋ 지금 사직서를 내야 살고 안 내면 뒤지는 각이옵니다~

위와 같은 이유로 상기 본인은 20XX년 X월 XX일부로 사직하고자 이에 사직서를 제출하는 각이옵니다. ▶

한때 온라인을 뜨겁게 달군 '급식체 사직서'야. 급식체는 2015년부터 온라인상에서 급속히 퍼지기 시작했어. 인터넷 개인 방송이나 SNS, 카톡과 같은 모바일 메신저 영향이 컸지. 신조어가 새롭게 생겨난 말 전체를 의미한다면 급식체는 주로 급식을 먹는 초중고 학생들이 쓰는 그들만의 은어를 지칭해.

인정따리 인정따 쿵취따춰 샘오리춰 갈취따춰 에바쎄바 쌈바디바 참치넙치꽁치삼치갈치

이런 식으로 아무 의미 없는 발음이 비슷한 단어들을 쭉 나열해서 일종의 언어유희, 즉 말장난을 즐기는 거야. 문맥상 의미는 어느 정도 통하지만 당췌 무슨 말인지 제대로 알 수 없고, 격식도 없어서 공적인 문서로도 부적합해. 처음에 급식체가 나왔을 때는 사람들 사이에서 금방 잊히리라고 생각했어. 맥락도 없고 재미도 없고 B급 감성만 물씬 풍겼거든. 그럼에도 불구하고 간편성과 재미를 추구하는 학생들 사이에서 급식체는 계속 변화하면서 꽤 오랜 시간 인기를 끌고 있어.

급식체는 문자를 매개로 빠르게 소통이 이뤄지다 보니 각종 축약이나 탈락이 많이 일어났어. ㅇㅈ(인정), ㄱㅇㄷ(개이득), ㅂㅂㅂㄱ(반박불가), ㅇㄱㄹㅇ(이거레알)처럼 초성만 이용하거나 띵곡(명곡), 커엽다(귀엽다), 세종머앟(세종대왕)처럼 모양 자체가 비슷한 모음과 자음을 섞어 새로운 단어를 만들어내기도 했지. 급기야 제품 이름을 초성어로 붙인 상품도 등장했어. 어느 프랜차이즈 편의점에서 'ㅇㄱㄹㅇ ㅂㅂㅂㄱ(이거레알 반박불가)'라는 부제를 단 쇼콜라 생크림 케이크를 출시해 화제를 모았지. 소비자들 사이에서 반응이 좋자 'ㅇㅈ? ㅇㅇㅈ(인정? 어, 인정)', 'ㄷㅇ? ㅇㅂㄱ(동의? 어, 보감)' 등의 부제를 단 후속 제품도 출시되었어.

하지만 이런 급식체에는 재미나 창의적인 부분만 있는 게 아니야. 축약어나 은어뿐 아니라 성적 비속어가 난무하거든.

개씹(개씨발)

엠창(이게 거짓말이면 우리 엄마는 창녀다)

지리고요(오줌 지릴 정도로 놀랍다)

반박시 느금마(반박하면 너희 엄마 줄임말로 상대방의 엄마를 조롱하는 말)

빼박캔트(빼도 박도 못하다 줄임말로 남녀간의 성행위에서 유래한 말)

의미를 헤아리다 보면 성적인 어원을 둔 말이나 패드립, 누군가를 혐오하는 말이 수없이 나오지. 또한 급식체는 종류가 너무 많고 계속해서 새롭게 생겨나기 때문에 그때그때마다 뜻을 배우지 않고서는 알 수 없어.

신조어나 은어, 비속어는 기성세대와 차별화를 꾀하고 또래의 동질성을 나타내는 문화이며 놀이이자 소속감을 확인하는 말이었어. 시대에 따라 신조어는 새롭게 생기기도 하고 사라지기도 해. 그런데 지금은 언어생활 전체를 뒤흔들 정도로 정말 많은 신조어와 은어, 비속어가 우리의 삶을 잠식하고 있어. 너희는 이런 언어생활에 대해 어떻게 생각해? 너희는 왜 이런 언어를 계속해서 사용하는 걸까?

인싸 능력 평가

나는 신조어를 얼마나 알고 있을까?

아래의 표는 인싸 등급 문제로 자주 등장하는 신조어들이야. 알고 있는
단어에 체크해 보고 어떤 등급인지 확인해 볼까?

많관부	킹받네	킹리적갓심	스불재
	억텐	완내스	당모치	실존주의
식집사	캘박	갓생	웃안웃
	ㄱㅇㅇ	삼귀다	돈쭐

2개 이하 **어르신**
3~5개 **삼촌**
6~11개 **MZ세대**
12~15개 **신조어학과 장학생**

나는 어떤 등급인가?

- - - - - - - - - - - - - - - - - - -

신조어 풀이

많관부 〉〉〉 많은 관심 부탁드립니다

킹받네 〉〉〉 king+열받네, 온전히 마음을 표현하기 부족할 정도로 흥분하거나 격분한 감정 상태

킹리적갓심 〉〉〉 합리적 의심, 누가 봐도 의심할 만하다

스불재 〉〉〉 스스로 불러온 재앙

억텐 〉〉〉 억지 텐션

완내스 〉〉〉 완전 내 스타일

당모치 〉〉〉 당연히 모든 치킨은 옳다

실존주의 〉〉〉 싫어하는 것도 존중해 주세요

식집사 〉〉〉 식물과 집사의 합성어로 식물을 기르는 사람

캘박 〉〉〉 캘린더 박제, 일정을 캘린더에 저장

갓생 〉〉〉 God+인생, 계획적이면서 부지런하게 생활하는 삶

웃안웃 〉〉〉 웃긴데 안 웃겨, 웃긴데 웃을 일이 아니다

ㄱㅇㅇ 〉〉〉 귀여워

삼귀다 〉〉〉 '사(4)귀다'의 전 단계인 '삼(3)귀다', 사귀기 전 썸 타는 단계

돈쭐 〉〉〉 선행하는 기업, 가게 등을 돈으로 혼쭐낸다, 가게 물건을 사는 행위

우리는 왜 욕하는 걸까?

 어제 버스 정류장을 지나가다가 학생들이 욕하는 것을 듣고 정말 깜짝 놀랐어. 불과 10년 전만 해도 소위 '문제아'로 불리는 일부 학생이나 조폭 영화에서 깡패들이 할 법한 욕을 아주 큰 소리로 하는 거야. 도대체 왜 이렇게 욕하는 거니?

욕하는 이유는 별로 생각해 본 적 없어요. 애들이 자주 쓰니까 저도 그냥 쓰는데요.

저는 솔직히 애들이랑 친해지려고 일부러 써요. 애들이랑 욕하면서 말하면 왠지 인싸 느낌이 나거든요.

저는 욕하는 애들이 이해가 안 돼요. 애들이 말하는 거 못 알아들어서 핀잔먹은 적도 있어요.

 욕하는 친구들을 보면서 이런저런 생각이 들 수 있겠네. 왜 저렇게 욕할까 싶다가도 유행에 뒤처지면 안 되니까 '나도 한번 써볼까?' 하는 생각도 들었을 거야. 그럼 너희가 왜 이렇게 욕하게 되었는지, 그 이유를 함께 알아보자.

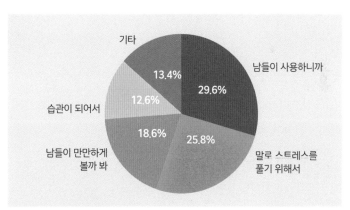

초등학생이 욕을 사용하는 이유

초등학생을 대상으로 한 조사에서 욕설을 사용하는 이유가 남들이 쓰니까(29.6%), 스트레스 해소(25.8%), 남들이 만만하게 볼까 봐(18.6%), 습관이 되어서(12.6%) 순으로 나타났어. 어때? 다 고개가 끄덕여지는 이유들이지? 욕하는 이유의 내면에는 어떤 이야기가 숨겨져 있는 걸까? 그 이유 앞에서 우리는 어떤 생각으로 어떻게 행동해야 할지 한번 알아볼까?

남들도 다 쓰는데
뭐 어때

또래와 소통하기 위해 비속어를 사용한다는 친구들이 많이 있어. 주변 친구들이 하나둘 욕을 사용하면 자신도 욕을 사용해야 할 것 같고, 또 욕하면서 오히려 친구들과 더 친해지는 것 같고 집단으로 뭉치는 것 같은 착각이 든대. 게다가 정상적인 어구가 너무 진부하게 느껴져서 대화가 재미없을 때, 욕을 사용하면 유머러스하게 느껴지기도 하지.

"헐, 완전 개맛있어!"
"존나 맛나!"

'이거 맛있다'라는 말보다 더욱 실감이 나는 것 같니?

또 언젠가 한 친구는 이렇게 말하기도 하더라. 너무나 당연하게 쓰는 말이라 이제는 욕처럼 느껴지지 않는다고. 애들이 자주 쓰니까 자신도 그냥 쓰는 거지 별 뜻이 있는 건 아니라고. '그러니까 선생님도 너무 그 상황에 의미를 두지 마세요!'라며 친절히 말해 주기도 했어. 이렇게 남들이 다 쓰는 말이다 보니 친구들과 대화하면서 비속어를 사용하지 않으면 감정을 잘 공유하지 못해서 '뻘쭘한' 상황이 오기도 해.

사실 '남들이 모두 쓰는 말'이라는 관점 자체가 비속어가 또래 집단 간의 유대와 결속을 위한 하나의 방편으로 사용되고 있음을 의미해. 이는 욕설 사용을 강화하는 하나의 **기제**로 작용해서 욕설 사용에 대한 문제의식을 느끼지 못하게 해. 비속어 사용을 당연하게 여기는 결과를 가져오지. '재미있고 친

✦ **기제** 인간의 행동에 영향을 미치는 심리의 작용이나 원리

밀감이 들고 친구들과 쉽게 말이 통하며 우정을 쌓을 수 있는 말인데 뭐 어때'라는 핑계가 생기는 거지. 하지만 또래 간의 유대감이 꼭 비속어로만 가능한지는 한번쯤 생각해 봐야 하지 않을까?

욕할 때마다
카타르시스가 느껴져요!

◦ ◦ ◦ ◦ ◦ ◦ ◦ ◦ ◦ ◦ ◦ ◦ ◦ 😮 ◦ ◦ ◦ ◦ ◦ ◦ ◦ ◦ ◦ ◦ ◦ ◦

"욕이란 인간의 가장 기본 욕구이지만 드러내 놓고 이야
기할 수 없는 것을 드러내어 표현함으로써 상대방에게 수
치심을 유발하는 것이다."

오스트리아의 정신 분석학자 프로이트의 말이야. 욕은 '하면
안 되는 것'이지만 자신의 감정을 그대로 날것처럼 드러내면서
스트레스를 해소할 수 있어서 인간의 가장 기본 욕구를 충족시
키고 있다는 거지. 맞아! 사람들은 때로는 욕을 하면서 답답했
던 마음이 후련해지는 기분을 느끼곤 해. 욕을 권장할 수는 없
지만 이런 **카타르시스**가 있다는 사실   ✦ **카타르시스** 자기가 직면
을 부정할 수는 없어. 그런데 동시에   한 고뇌 따위를 외부에 표출
                                    함으로써 정신의 안정이나 균
상대방에게 수치심도 유발한다는   형을 찾는 일
사실은 모두 잊어버린 것 같아. 자신의 욕구를 충족시키면서 다
른 사람을 불쾌하게 하거나 상처를 줄 수 있다는 사실 말이야.

때때로 욕하고 나면 어느 정도 기분이 좋아졌던 경험이 있을
거야. 짜증 나고 어려운 상황에서 욕을 하게 되면 심리적인 해

방감을 얻지. 욕은 실질적인 문제를 해결하지는 못하지만 효과적인 감정 조절 도구가 될 수는 있는 거야.

그런데 여기에는 큰 오해가 있어. 영국 킬 대학교 심리학과 교수 리처드 스티븐슨 박사는 욕설이 고통을 줄이는 데 도움이 되는지 확인하기 위해 실험을 했어. 연구진은 참가자들이 얼음이 든 양동이에 손을 넣고 얼마나 오래 참는지를 관찰했어. 실험은 두 차례 이루어졌는데 첫 번째 실험에서는 참가자들이 양동이에 손을 넣고 욕설을 했고, 두 번째 실험에서는 정중한 언어를 사용했대. 결과가 어떻게 되었을까? 맞아, 예상대로 욕설을 한 경우에 고통을 더 오래 참을 수 있었대. 그러면 평소에도 욕을 하면 힘든 상황을 더 잘 이겨낼 수 있는 걸까?

스티븐슨 박사는 다른 결론을 내렸어. 욕설을 할 때에는 정중한 언어를 사용할 때보다 심장 박동 수가 증가하는데 이는 욕설이 일종의 감정적인 반응을 불러일으킨다는 증거이고, 고통스러운 상황에 부딪혔을 때 욕을 하게 되면 스트레스가 높아진다는 거야. 그렇게 스트레스가 높아지면 고통을 느낄 수 없도록 통각 상실 기능이 작동한대. 욕을 함으로써 더 큰 스트레스를 유발해 통각을 상실시켜 고통을 잊게 한다는 거지. 스트레스를 잠시 잊게 해주는 것처럼 보이지만 정말로 마음이 편해지는 것이 아니라 신체가 통각을 상실하는 것이고, 오히려 뇌는 치명적인 악영향을 받는다고 해.

"아! 씨발 짱나! 개킹받네!"

싫다는 표현을 욕설을 담아 거침없이 쏟아내면 시원하게 감정을 표현하는 것 같지? 하지만 장기적으로는 우리의 감정에 어떠한 도움도 되지 못해. 그리고 이러한 표현은 재미와 쾌락만을 추구하게 되잖아? 결국 저급한 언어문화를 가지게 되고, 이러한 현상이 지속되면 자연스럽게 우리의 사고와 행동은 언어를 닮아가겠지.

만만하게
보이기 싫어서 욕해요

청소년은 자신이 약해 보이는 게 싫어서 남들에게 센 이미지를 보이려고 비속어를 사용하기도 해. 욕하면서 상대방에게 두려움을 주면 자신을 함부로 대하지 못하리라고 생각하지. 사실 주변에서 이런 생각으로 욕을 하는 학생들을 많이 보았어. 자신을 보호하기 위한 수단으로 욕하기를 선택했다니 안타까운 마음

이 들기도 했지.

"아니, 선생님, 나를 얕보고 괴롭히는 친구들 때문에 세 보이려고 욕하는 게 잘못인가요?"

누군가는 물을지 몰라. 그런데 이렇게 우려하는 데는 다 이유가 있어. 자신을 지키기 위해 표현의 자유를 방패 삼아 '막 욕하는 친구'를 한번 떠올려 봐. 무섭고 세 보인다, 건들지 말아야겠다는 생각이 드는 것은 잠시요, 생각 없이 막말을 쏟아내는 모습을 보면 '쟤 왜 저래?'라는 생각이 들 때가 더 많을 거야. 그러면서 자연스럽게 저 친구와는 어울리지 말아야겠다는 생각이 함께 들지. 맥락 없이 열심히 욕하는 사람과 친하게 지내고 싶은 사람은 없을 테니까.

욕설을 쓰면 만만하게 보이지 않아서 자존심을 지키고 자존감을 높일 수 있다고 말하지만, 그런 식으로는 친구들과 건강한 관계를 맺을 수 없어. 결국 자신을 얕본다고 생각하는 친구들에게 더 안 좋은 모습으로 비춰지면서 어울리고 싶지 않고 피하고 싶은 친구로 낙인찍히게 되는 거지. 욕은 자기도 모르게 상대방에 대한 공격성을 높이고, 논쟁의 대상에게 논리적으로 무언가를 이야기하기보다 높은 목소리로 과하게 표현함으로써 인간

관계를 더 악화시킨다는 거 잊지 말았으면 좋겠어. 먼저 욕하며 경계하기보다 단호하게 자신의 의견을 정확하게 표현하면 어떨까.

"싫어!"
"건드리지 마!"

습관이 무서워요

서울의 어느 고등학교에서 학생들이 언어 습관을 고치기 위해 욕 대신 대체어를 만들어 쓰기로 했어. 학생들은 욕 기록장을 준비했고 욕을 쓰면 벌금을 걷기로 했지. 그들의 의지는 하늘을 찌를 듯했지만 오랜 언어 습관이 의지를 배신했대. 처음에는 욕 사용 빈도수가 많이 줄어드는 듯 보였지만 시간이 지나면서 학생들은 평소에 쓰던 욕을 하나둘 다시 쓰기 시작했거든. 습관이 무섭다는 것을 실감했지.

자신도 모르게 습관적으로 욕을 사용하는 경우가 많고 그러다 보니 입에 배어서 잘 떨어지지 않는다며 어려움을 호소하는

학생이 많이 있어. 사실 뇌는 익숙한 것을 선호해. 무언가 이로운 것보다는 무의식적으로 평소의 익숙한 상태를 유지하려고 하지. 한 번 뿌리박힌 습관이 여간해서는 바뀌지 않는 이유이기도 해. 조사에 의하면 욕하는 가장 큰 이유가 바로 습관처럼 굳어졌기 때문이라고 하거든.▸

> "뜻은 좋지 않지만 이미 입에서 굳어져서 안 쓰기에는 너무 멀리 가고 있는 것 같아요."
> "너무 많이 들어서 욕으로 들리지 않아요. 욕치고는 너무 일상적인 단어가 되어버린 것 같아요."
> "숨 쉬는 것만큼 아무렇지 않게 쓰거나 듣는 말이라서 솔직히 별 감흥이 없어요."

학생들이 이렇게 이야기할 때면 습관적으로 쓰는 감탄사나 추임새 같은 욕이 우리의 일상에 너무 많이 퍼져 있는 건 아닐까 걱정돼. 어느 다큐 프로그램에서 초등학생이 놀이터에서 그네를 타며 욕하는 모습이 나왔어. 그 아이는 그네가 재밌어서 욕했고, 옆에 친구에게 비키라며 욕했지. 우리도 모르게 사용하는 욕이 어느 순간 우리의 삶에 너무 깊이 들어와 버린 건 아닐까? 그러면 아차 싶어도 고칠 수 있는 방법을 찾지 못하게 돼.

학생들이 대체어를 열심히 쓰려고 의식적으로 노력했지만 결국은 자신의 말투로 돌아온 것처럼 말이야. 모욕적인 욕이라는 것을 알면서도 숨 쉬는 것만큼 아무렇지 않게 쓰고 듣는 말이라 별 감흥이 없어지는 것처럼 말이야. 그래서 습관이 무서운 거야.

　욕과 관련된 전시회가 열린다고 해서 보러 간 적이 있어. 전시회 제목은 〈상년전展〉이었지. 이름이 좀 그렇지? 전시회 제

〈상년전〉 전시회 작품

목처럼 역시나 그곳에서는 질펀한 순우리말 욕 잔치가 벌어지고 있었지. 순우리말 욕을 주제로 그 당시에 활발하게 활동하는 팝 아티스트나 시각 예술가, 아마추어 작가 등 100여 명이 참여한 전시였어. 금기시되는 욕을 풍자하여 카타르시스를 느끼고자 기획했다고 해. 순우리말의 어원을 그대로 담은 작품들이 자리를 차지하고 있었고, 그 속에 담긴 문화 인류학적인 생활사를 조금씩 읽어나갈 수 있었지.

조카가 18색 크레파스를 들고 있는 그림에 '조카크레파스 십

팔색이야'와 같이 욕과 비슷한 발음을 적은 작품이나, 고양이를 그려 놓고 '존나 개 같네'를 적은 작품들을 보면서 '기발하고 재미는 있네!' 하며 자리를 옮겼어. 그러다 우연히 한 작품 앞에 서게 되었어. 거울에 글씨가 쓰여 있는 작품이었는데 어떤 참신한 욕이 있을까 호기심에 차서 쳐다보다가 머리를 한 대 맞은 것 같이 띵해졌어. 거기에는 마치 궁서체 느낌으로 두 글자가 쓰여 있었거든.

반!사!

그때 이런 생각을 했어.

'욕하고 싶은 이유는 너무 많은데 욕하지 않을 이유는 저 두 글자로 충분하구나!'

거울 앞에 서서 욕하는 자신의 모습을 상상해 봐. 굳이 말하지 않아도 욕하면 안 되는 이유를 충분히 깨달을 수 있으리라 생각해. 욕하고 싶은 자신만의 타당하거나 나양한 이유가 있음에도 불구하고 자신이 뱉는 말 앞에 조금 더 신중해야 하는 이유가 바로 이것은 아닐까?

매체, 선 넘지 마!

  애들아, 너희들 시바견 캐릭터가 모델로 나온 광고 본 적 있니? 생활용품 브랜드에서 강아지 캐릭터인 '시로&마로'와 협업해서 구강 청결제를 출시했는데 이 광고가 소비자들 사이에서 여러 차례 논란이 되었어.

그 광고가 왜 문제가 되나요? 제가 보기엔 그냥 귀엽기만 한데요.

  야! 광고에 나온 문구를 제대로 봤어? '이 닦고 잠이나 자라 시바', '치약 짜지 마 그냥 눌러 써 시바', '눈

'시로&마로'가 등장하는 광고

부시다 시바', 너무 대놓고 욕하는 느낌이잖아.

광고는 원래 자극적인 문구를 쓰는 거야. 그래야 시 선을 끌지.

 맞아. 나도 재밌어서 여러 번 따라 했어. 직접 욕하는 것도 아닌데 뭐가 문제?

그래. 소비자의 호응과 관심을 끌기 위한 광고의 기능으로 보았을 때는 크게 문제가 되지 않는 것처럼 보일 수 있어. 하지만 매체에서 욕설을 연상시키는 언어유희가 버젓이 활개를 치고 일상에서 아무렇지 않게 받아들이면 어떤 문제가 발생하는지 한번 생각해 볼까?

욕설 마케팅

어느 카드 회사에서 '시발始發카드'라는 상품을 내놓았어. 시발은 처음으로 일어난 것을 뜻하는 한자어인데 보통 '시발점'이라는 용어로 많이 사용해. 시발카드는 사회생활에 갓 발을 내딛은 젊은 2030 세대를 겨냥해 만들었어. '시발비용'이라는 인터넷 용어에서 이름을 착안했대. 시발비용은 말 그대로 스트레스를 받아서 홧김에 욕하면서 쓰게 되는 돈이라는 뜻이야. 인터넷 용어에 익숙한 세대가 처음으로 시작하는 사회생활에 쓸 첫 카드라는 의미를 담은 거겠지. 처음에는 도발적인 네이밍이라는 반응과 함께 재미있다며 관심을 끄는 데에 성공했어. 하지만 점차 사람들은 그 말을 들을 때마다 불편하다는 생각을 하게 되었어.

볼수록 기발해 보이기보다는 저급하게 느껴진 거야. 왜냐하면 우리는 이 단어를 들으면서 어떤 특정 단어를 떠올리거든. 그 누구도 '시발始發'이라는 단어를 들으며 사회생활을 처음 시작하는 사람들을 떠올리지 않으니까.

사실 이 단어가 광고에 등장한 건 이번뿐만은 아니었어. 지난 2016년 브라질 리우 올림픽 배구 한일전에서 우리나라 선수가 경기 도중에 화를 참지 못하고 욕을 뱉는 장면이 카메라에 잡혔어. 경기에 몰입하면서 나온 실수였기 때문에 경기의 일부로 자연스럽게 받아들이기도 했고, 이후 그 선수에게는 욕설과 비슷한 발음의 '식빵 언니'라는 별명이 생겼어. 방송에서도 유쾌하게

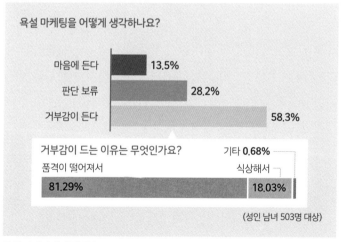

욕설 마케팅을 어떻게 생각하나요?

마음에 든다	13.5%
판단 보류	28.2%
거부감이 든다	58.3%

거부감이 드는 이유는 무엇인가요?   기타 **0.68%**

품격이 떨어져서   식상해서

81.29%   **18.03%**

(성인 남녀 503명 대상)

욕설 마케팅에 대한 설문 조사

이 별명을 웃어넘긴 덕분인지 한 식품 업체는 그 선수의 별명을 사용하여 식빵 신제품을 출시하기도 했지.

재미를 추구하는 소비층에게 영향력을 발휘하기 위한 뻔하지 않은 독특한 마케팅이라고 해도 언어 파괴가 우려될 때가 한두 번이 아니야. 욕설 마케팅에 대한 설문 조사에서도 '욕설 마케팅에 거부감이 든다'라고 말한 비율이 58.3%로 압도적이었어. 거부감이 드는 이유로는 '품격이 떨어지기 때문'이라는 답변이 81.29%로 높았지.

비속어입니다만

사실 일상에서 욕설이 가감 없이 활용되는 경우는 이뿐만이 아니야. 어느 영화관은 바이럴 마케팅에 활용하려고 제작한 포스터에 비속어를 사용했어. 자사의 영화관에서 판매되는 인기 사이드 메뉴 3종이 영화 관람객들에게 색다른 먹거리를 선사할 수 있다는 게 핵심이었지. 문제는 첨부 사진이었어. 바로 **존맛탱**이라는 단어가 새겨져 있었거든.

✦ **존맛탱** 매우 맛있음을 뜻하는 '존맛'에 강조하는 의미로 '탱'을 붙인 말

SNS에서 맛집이나 일상 해시태그로도 많이 사용하는 존맛탱은 맛있다는 의미를 강조하는 신조

어로 알고 있지만, 사실 '존맛'의 '존'은 남성의 성기를 속되게 말하는 '좆'이 변형된 단어야. '존버', '존예' 등의 단어도 많이 쓰는데, 존예는 사실 칭찬이 아니라 극심한 성희롱인 거지. 어원을 생각해 보면 입에 담기에도 부끄러운 말이니까. 그런데 이렇게 심각한 비속어에 해당되는 단어임에도 불구하고 아무렇지도 않게 버젓이 매체가 사용하고 있는 것은 정말 놀랄 만한 일이 아닐 수 없지. 어때? 의미를 하나씩 뜯어보고 따져보니까 우리가 아무렇지 않게 사용하는 말들에 얼마나 큰 문제가 있는지 알겠지? 세련되거나 개성이 넘치는 신조어라며 포장할 수 있을까?

웃기면 괜찮을까?

광고뿐 아니라 개인 방송, 텔레비전, 동영상 플랫폼의 각종 프로그램에서도 생각보다 쉽게 비속어를 접할 수 있어. 웃음을 유발하기 위해 사용하지. 종합 편성 채널이 생기면서 더 자유롭게 거친 언어가 나오기 시작했고, 그 영향이 공중파에도 퍼졌어. 지금은 비속어 자체를 '삐' 소리로 처리하고 자막에는 X자를 써서 내보내는 상황이야. 그러다 보니 대중가요의 가사에도 비속어나 욕설이 버젓이 들어갔어. 어느 걸그룹은 후렴에 영어로 된 비속어를 넣고 음원에서는 삐 소리로 처리한 곡을 내놓았어. 하지만 많은 사람들이 그 가사를 비속어가 아니라고 인지하지는 않겠지.

생각보다 대중매체의 영향력은 커. 실제로 좋아하는 가수의 노래를 듣다가 몰랐던 비속어를 알게 되었다고 말한 학생들도 있었어. 심지어 얼마 전에는 쇼핑호스트가 생방송에서 아무렇지 않게 성적인 어원의 욕을 하기도 했어. 제작진이 정정을 요구했더니 가볍게 웃어넘겼다지.

> "방송하다 보면 가끔 부적절한 언어를 사용해서 죄송하지만 예능처럼 봐주세요! 홈쇼핑도 예능 시대가 오면 안 되나?"

개인 방송이 인기를 끌기 시작하면서 비속어에 대한 경각심과 조심성이 낮아지고 있어. 게임 방송 진행자가 욕하는 모습은 많이 봤을 거야. 마치 욕이 없으면 통쾌함 혹은 짜증이 표현되지 않는 것처럼 너무나 쉽게 속사포처럼 욕을 내뱉는 걸 볼 수 있어. 실제로 개인 방송은 방송국처럼 규제가 심하지 않다 보니 욕을 하더라도 별 제재를 받지 않는대. 그러니 좀 더 많은 사람들의 관심을 끌기 위해 욕을 하면서 자극적으로 진행하는 거야. 그걸 우리는 여과 장치 없이 그대로 듣는 거고. 이렇게 우리가 자주 접하는 매체에서 욕을 재미있게 흥미롭게 쓰다 보니 우리는 욕에 대한 거리감이 사라지고 오히려 긍정적인 시선을 갖게 되었어.

재미있네! 통쾌하네! 웃기네!

실제로 페이스북의 유머 페이지에는 콘텐츠뿐 아니라 댓글에서도 서슴없는 욕설이 보여. 이러한 콘텐츠를 보는 것에 대해 불쾌감을 느낄 때도 있지만 욕설이 가미되어 더 흥미롭다는 반응도 있어. 많은 사람이 욕설이 있어야 사람들의 관심을 끌고 더 많이 보게 된다고 생각해. 욕을 직접 하는 것보다 더 큰 문제는 매체나 개인 방송인 것 같아.

웃자고 한 말에
다큐로 반응하기

가끔 비속어를 장난으로 내뱉었는데, 상대가 정색할 때가 있어.

그러면 오히려 상대를 이상하게 여기며 핀잔을 주는 사람들도 많아.

웃자고 한 말에 왜 다큐로 반응?

하지만 언어는 우리가 매일 사용하기 때문에 더 조심하고 예민하게 받아들여야 해. 다른 사람을 비하하거나 성적인 의도가 담긴 언어를 상대방이 말하고 있다면 그런 상황에 대해 질문을 던지고 잘못된 것은 바로잡아야 하지. 바로 언어 감수성을 키워야 하는 거야. 언어 감수성은 시대 변화에 따라 사용하는 언어를 받아들이고 느끼는 성질을 말해. 무심코 내뱉는 언어에 대해 민감해지고 좀 더 품격 있는 말을 사용하는 능력을 뜻하지. 쉽게 말하면 '존맛탱'이라고 말했을 때 손뼉을 치면서 동조하며 웃는 대신 불편함을 표하는 방식이야.

"야, 그거 어원을 알고 쓰는 거야?"

소통 자체에 정성을 기울이고 자꾸 질문하는 태도를 갖추는 거지. 언어는 문제의식을 갖기 어려운 도구이니까. 설사 문제라고 생각할지라도 자주 사용하고 입에 달라붙으면 어느 순간 문제로 생각하지 않게 돼. 입에 욕을 달고 사는 어른들, 눈살 찌푸리며 쳐다보게 되는 그런 어른들을 한 번쯤 본 적 있잖아. 예민하게 생각하지 않고 자기도 모르게 욕을 쓰면 커서 그런 어른이 되는 거야. 언어 감수성을 키우기 위해 늘 언어에 대해 진지한 태도를 가져야겠지.

'이 말에 새겨진 의미가 무엇일까?'

'내가 이런 말을 써도 될까?'

선 넘지 않는 웃음 찾기

통영에 있는 어느 카페에서는 2011년부터 '쌍욕라떼'라는 메뉴를 판매하면서 인기를 얻기 시작했어. 라떼 거품 위에 초콜릿 시럽으로 손님이 요청한 특별한 사연과 유머러스한 욕 한 바가지를 써 넣는 거야. 이 맞춤형 욕설 메뉴를 놓고 이런저런 말들이 나왔어. 왜 엄근진(엄격, 근엄, 진지)이냐며 비아냥거리는 사람도 있었고, 내 돈 내고 꼭 욕을 사서 먹어야 하냐는 사람도 있었지. 사실 세월호 참사가 일어났을 때는 쌍욕라떼는 판매하지 않고 '착한말라떼'를 판매하는 재미있는 곳이야. 그런데 비속

쌍욕라떼

어 자체를 재미있게만 받아들이면 우리도 모르는 사이에 비속
어에 무뎌질지도 모른다는 걱정은 들어. 웃음도 좋지만 선 넘지
않는 웃음은 없는 걸까?

생활용품을 제조하는 어느 회사에서 배달 애플리케이션과 협
업해 신제품을 줄줄이 출시했어. 이들 제품 이름이 뭔지 알아?

이빨청춘(치약)

이쓸 때 잘해(칫솔)

다 때가 있다(때수건)

이거 다 거품이야(비누)

넌 내게 목욕감을 줬어(목욕 세트)

이 제품들은 기존에 알려진 단어와 문구를 변형해서 B급 감성을 이끌어내고 제품의 기능을 언어유희를 적용해서 가볍게 풀어내어 크게 주목받았어. 또 다른 광고들도 '새우의 자존심을 세우다!', '바나나 먹으면 나한테 반하나?'와 같은 가벼운 말장난으로 광고의 지속성을 높이기도 했지. 이런 말들은 단순히 웃음만 주는 게 아니라 애써 외우지 않아도 저절로 제품이 머릿속에 각인되는 효과를 줘. 재미와 개성을 추구하는 데에 욕설이 반드시 필요한 게 아니라는 거 어느 정도 알겠지? 무난함이나 평범함은 도태되고 오로지 자극에만 중독된 사회에서 우리가 해야 할 일은 매체들이 선을 넘지 않도록 언어 감수성을 장착하는 것임을 잊지 말자. 욕설을 일상적으로 쓰면 좀 더 자극적인 것들을 추구하면서 사회적 정서나 도덕적 기준이 모호해진다는 것도.

성적인
의미가
담긴 욕

애들아, 두 학생은 그림을 칭찬하는 것일까, 욕하는 것일까? 그리고 두 학생은 자신이 말한 욕의 어원을 알고 있을까?

우리는 다양한 이유로 욕을 해. 화가 나서, 재밌으려고, 세 보이려고, 친구들도 모두 하니까, 습관이 되어서 등등. 아마도 두 학생은 그림을 폭풍 칭찬하고 싶어서 욕을 했겠지. 그런 나름의 이유라고 할지라도 절대 하지 말아야 할 분명한 이유가 있는 욕들이 있어. 바로 '성적인 어원'을 가지고 있는 욕이야.

두 남학생은 서로 '씨발년'이라며 욕하기도 하잖아. 이상하지 않니? 처음에 들었을 때 왜 남학생들끼리 '놈'이 아닌 '년' 타령을 할까 굉장히 궁금했거든. 그 이유를 알아보니 여자를 남자보다 열등하게 생각하기 때문이래. 여성 취급을 하는 것이 가장 심한 욕이라는 거야. 너무 놀랐어. 그런 생각 자체가 여성을 비하하고 혐오하는 감정이거든. 욕을 하면서 생각지도 못했던 방식으로 비하와 혐오의 감정을 배우다니! 너무 슬픈 일이라고 생각했지. 만약 욕의 어원을 정확히 알고 있었다면 그래도 이런 욕을 했을까? 우리가 자주 쓰는 욕에서 성적인 어원을 가진 것들은 무엇이 있는지 살펴보자.

말끝마다 붙는 씨발

'씨발'이라는 욕은 마치 감탄사처럼 습관적으로 많이 하는 말이 야. 화가 나거나 짜증 나거나 기분이 좋거나 놀랍거나, 어느 기 분에나 만능어처럼 사용하고 있어. 입에 엄청 많이 오르락내리 락하다 보니 의미를 알고 나서도 쉽게 입에서 떼어내기 힘든 말 이지.

욕하는 사람들의 감성에 기대 노래 가사에도 활용되고 있어. 가수 싸이의 〈I LUV IT〉 가사에도 어떤 상황을 설명해 주거나, 반드시 필요한 단어도 아닌데 '시발' 혹은 '씨발'이 떡하니 들어 가 있어. 우리는 또 그 부분을 신이 나서 함께 부르지. 그 부분만 유독 악센트를 주어서 말이야. 평소에 대놓고 욕하지 못하는 자 신에게 일종의 면죄부를 주는 거야.

이건 노래 가사니까 상관없어!

씨발의 원형은 '씹할'이야. '씹'은 여성의 성기를 속되게 일컫 는 말이고, '씹할'은 성교한다는 의미이지. 보통은 사랑하는 남 녀 사이의 관계를 의미하는 것이 아니라 정상적이지 않은 관계를 지칭할 때 쓰여. 여진족을 상대로 했던 욕이라는 설도 있어. 남자들이 사냥하러 나가고 여자와 아이들만 남은 여진족 민가에서 계속 인구가 늘어나는 것을 보며 **근친상간**을 의심했고, 씹할은 근친상간의 의미로 사용했다지.

✦ **근친상간** 촌수가 가까운 일가 사이의 남녀가 서로 성적 관계를 맺음

이런 의미를 안다고 해도 평소에 쓰던 말이라 어떤 느낌인지 잘 모르겠다고? 그러면 다음 시를 한번 볼까?

내가 그의 이름을 불러주었을 때

그는 나에게로 와서

꽃이 되었다▶

김춘수 시인이 지은 〈꽃〉이라는 시의 일부분이야. 어떤 느낌이 들어? 선생님은 처음 이 시를 읽었을 때 누군가가 나의 이름을 부르며 나를 '꽃'으로 격상시켜 줄 것 같은 가슴 벅찬 상상을 했어. 가슴이 뛰고 설렜지. 그런데 이 시를 패러디한 작품을 몇 년 전 〈상년전〉이라는 전시회에서 보게 된 거야. 반가워서 읽다가 너무 충격을 받았던 기억이 나. 시가 이렇게 바뀌었거든.

내가 너의 이름을 **졸라게** 불러주었을 때

너는 **씨발** 나에게로 와서

족가튼 꽃이 되었다

선생님이 느꼈던 설렘이나 행복, 들뜬 기분은 모두 사라지고 저속한 느낌만이 가득했지. 시는 그대로고 단지 '졸라게', '씨발', '족가튼' 이 세 비속어만이 합류했을 뿐인데 말이야. 너희들은 어떻게 느꼈니?

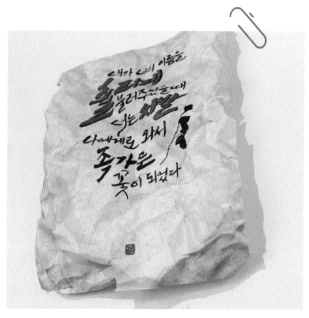

〈상년전〉 전시회 작품

부사처럼 쓰는 존나

"선생님, 존나 더워요. 에어컨 좀 틀어주세요!"

수업 시간에 이렇게 말하는 걸 보니 '존나'의 의미를 잘 모르는 것 같더구나. 무슨 의미인지 아느냐고 물었더니 역시나 대부분 이 단어를 욕이라고 생각하지 않았지. '매우', '정말'처럼 문장의 뜻을 분명하게 해주는 부사처럼 생각하고 있었어.

사실 이 말은 '좆나'에서 변형된 단어야. '좆'은 남성의 성기를 속되게 이르는 말이고, '좆나'는 '성기가 튀어나올 정도'라는 의미로 성적인 욕설에 해당돼. '졸라', '존멋'이나 '존맛탱(JMT)'도 다 좆나가 변형되거나 첨가된 말이야. 그저 어떤 감정 앞에 붙여서 그 감정이나 상황을 좀 더 극단적으로 만들려고 사용하지.

예쁜 친구들에게 '존예' 해시태그를 사용해 본 적 많잖아? 센스 넘치는 표현이라고 생각했겠지만, 사실 이건 입에 담을 수 없는 성희롱이야. '존나 예쁘다'는 말로, 성기가 튀어나올 정도로 예쁘다는 뜻이니까. 칭찬 아니고 성희롱인 것 잊지 마.

호칭처럼 부르는 개새끼

왜 귀여운 강아지가 욕이 되었을까? 그저 개의 새끼라고 말하는 것 때문에 욕으로 인식되는 걸까? 그 어원이 무척 궁금하지? 다양한 어원이 있지만 '근친상간'설이 설득력 있고 유력해.

이 단어는 개들의 습성에서 나온 말이라고 볼 수 있어. 개들은 부모와 자식, 형제자매를 구분하지 않고 대낮 여부를 가리지 않고 아무 곳에서나 교미한다고 해. 가까이에 사는 어미 개와도 교미하는 수캐를 보면서 사람들이 **패륜**이라고 규정짓고, 개들끼리 근친상간으로 인해 태어난 새끼를 '개새끼'라고 부르는 거야. 도덕

✦ **패륜** 인간으로서 마땅히 하여야 할 도리에 어그러지는 현상

관념이 없는 어미 개가 낳은 상스러운 생명체라는 의미를 갖게 되는 거지. 그렇기 때문에 이 욕을 하게 되면 상대방뿐만 아니라 상대방의 엄마까지도 '아무하고나 성교하는 여자' 혹은 '근친상간을 하는 여자'라고 욕하는 것이나 마찬가지야. 어때? 평소 생각했던 의미와는 거리가 멀지 않아? 예상보다 훨씬 나쁜 말이라 충격적이지 않니?

다음 두 사람의 대화를 살펴볼까?

남학생1 와, 씨발 이거 어떤 년이 그린 거야? 존나 잘 그렸네!

남학생2 그러게. 매 완전 존멋!

남학생1 븅신~ 저거 독수리잖아.

남학생2 씨발년이 졸라 잘난 척~ 매나 독수리나~

남학생1 개새끼 존나 무식~

이제 두 사람의 대화에 비속어의 어원을 생각해서 의미를 다시 따져보자.

남학생1 와, 아무하고나 성교할 정도네. 이거 어떤 여자 같은 남자가 그린 거야? 성기가 발기할 정도로 잘 그렸네.

남학생2 그러게. 매가 성기가 튀어나올 정도로 멋지다!

남학생1 몸 어디가 모자란 놈아~ 저거 독수리잖아.

남학생2 아무하고나 성교할 여자 같은 남자가 성기가 튀어나올 정도로 잘난 척하네. 매나 독수리나~

남학생1 근친상간으로 태어난 자식아 성기가 튀어나올 정도로 무식~

우리는 끊임없이 생각하고 분석하고 반응하는 존재야. 어떤 때는 의식적으로 반응하기도 하지만 어떤 때는 그 순간의 감정에 따라 반응하기도 하지. 감정적인 순간 가장 많이 뱉는 말들이 어떤 의미를 가지고 있는지 하나씩 살펴보면 너무 낯 뜨겁거나 노골적인 단어들이라서 눈살이 찌푸려지고 쉽사리 입을 뗄수 없을 거야. 속으로 읽더라도 순간 너무 부끄러울 거야.

'이게 뭐야! 그동안 이런 말 많이 했는데, 이런 의미였다고? 말도 안 돼!'

아무 생각 없이, 혹은 재미로 성적인 단어를 쓰면 결국 자신도 가볍고 저속한 사람임을 보여주는 거야. 스스로에게 부끄러운 행동은 하지 말아야겠지? 힘든 세상 언어유희로 웃으며 가자고 슬며시 그 단어를 다시 꺼내는 일이 조금씩 줄어들었으면 좋겠어.

이 말이
비속어라고?

사실 비속어의 어원을 파헤치면서 더 충격받은 단어가 있어. 성적인 어원의 단어들은 우리가 평소에도 저속하다는 느낌을 받지만, 전혀 의외의 어원을 가진 관용어 표현들이 있었거든. 관용어는 둘 이상의 낱말이 합쳐져서 원래의 뜻과는 다른 새로운 의미로 굳어져 쓰이는 표현을 말해. 비유적인 표현들이 많기 때문에 어떤 뜻인지 곱씹어 보아야 알 수 있는데, 우리는 일상에서 무척 많은 관용어를 쓰고 있어.

엄마의 잔소리를 '귀에 못이 박히게' 들어본 적 있지? 영화관에서 영화를 보다가 '손에 땀을 쥐어' 본 적도. 시험 기간이 되어서야 '발등에 불이 떨어져' 공부를 시작했을 거야. 이런 표현들이 모두 관용어야. 관용 표현을 정확하게 알면 대화의 맥락이나 지문에서 말하고자 하는 바를 정확히 알 수 있어. 어휘력 책에도 '관용어편'이 따로 등장할 정도지. 그런데 우리가 아무 생각 없이 자주 사용하는 관용어에도 저속한 의미에서 유래한 말이 많다는 거 알고 있니?

관용 표현이면 괜찮을까

'빼도 박도 못하다'라는 말 평소에 많이 사용하지? 신조어 '빼박 캔트'가 바로 이 관용어에 외래어를 변형한 말이지. 그런데 너희들 알고 있어? 이 말의 유래가 여러 가지 있는데, 그중 하나가 바로 남녀의 간통 행위에서 왔다는 설이야. 비록 확실한 어원은 아니지만, 누군가는 그러한 의미가 어느 정도 담긴 단어라고 생각하기 때문에 네가 그런 말을 했을 때 '아니 이런 비속한 말을 쓰다니?'라고 생각할 수도 있어. 상황을 있는 그대로 전하려고 이런 표현을 쓰기는 하지만 한편으로는 부끄럽고 낯 뜨거운 표현이니 굳이 이런 의미의 단어를 쓸 필요는 없겠지. 사자성어를 써서 **진퇴양난**進退兩難이라고 하거나 다르게 써서 '옴짝달싹 못 하다', 혹

✦ **진퇴양난** 이러지도 저러지도 못하는 어려운 처지

은 '이러지도 저러지도 못하다'라고 말하는 게 좋겠지.

'쥐뿔도 모르는 게'라는 관용 표현의 어원도 비속어에서 찾을 수 있어. 쥐에게 뿔이 있을까? 쥐에게 뿔이 있을 리 없고 있는 것을 본 적도 없지. '쥐뿔'은 과연 무엇을 의미할까? 어느 학생이 쥐가 풀 뜯어 먹는 소리를 된소리로 발음하다 보니 쥐뿔이 된 게 아니냐는 재치 있는 말을 해서 다들 크게 웃은 적도 있었어. 이 표현의 유래에 대한 여러 가지 이야기가 있는데, 조금씩 주인공만 다를 뿐 다 비슷한 맥락이야.

어느 부부가 손발톱을 깎고 문밖에 버렸는데 늙은 쥐가 그것을 주워 먹고 남편으로 둔갑했어. 진짜 남편은 가짜로 몰려 내쫓겼지. 억울한 진짜 남편은 어느 도사를 찾아가 하소연했어. 도사는 부적과 고양이를 내주며 해결책을 알려주었지. 진짜 남편이 집에 돌아와 부적을 붙이고 고양이를 풀어놓았더니, 가짜 남편이 사색이 되어 다시 늙은 쥐로 변해 도망갔다지. 진짜 남편은 아내에게 '내 뿔과 쥐뿔을 구분하지 못한단 말이오?'라며 화를 냈대. 성기를 '뿔'로 빗대어 표현한 거지. 남편의 성기와 쥐의 성기를 구분하지 못한 '쥐뿔도 모르는' 아내를 다그친 거야.

'쥐뿔'을 생각해 봐. 쥐는 인간의 덩치와 비교하면 한 주먹도 되지 않으니 쥐뿔은 얼마나 더 작겠어. 즉 '쥐뿔도 모르는 게'라는 표현은 아주 변변치 못하게 하찮거나 매우 작은 것을 의미해. 앞뒤 분간 못할 정도로 아무것도 모르면서 천방지축으로 날뛰는 것을 말하지.

관용어는 단어가 가진 성질에 빗대어서 전혀 다른 의미의 이야기를 할 수도 있기 때문에 특히 의미를 더 정확하게 알아야해. 남들이 사용하는 익숙한 표현이라고 해서 무분별하게 따라하다 보면 타인을 비하할 수도 있고 의미를 알면 절대 쓸 수 없는 말들을 자신도 모르게 내뱉을 수 있으니까.

서울의 어느 중학교 동아리에서는 학생들이 직접 비속어 순화어 사전을 제작했다고 해. 많이 사용하는 비속어를 은어, 욕설, 인터넷 용어로 나누고 비속어의 실제 뜻과 대체 가능한 순화어를 담았지.

> "욕을 안 쓰면 뭔가 짜증 나는 느낌이 표현이 안 된다는 학생들이 많은데, 욕의 본뜻을 알려주고 대신 쓸 수 있는 우리말 용례를 정리해 후배들에게 좋은 정신적 유산을 물려주고 싶었어요."

동아리 회장의 말이야. 욕의 의미를 정확히 알면 욕에 대한 생각이 달라지고, 욕을 덜 쓰게 될 거라고 생각했다지.

'엿 먹어라'는
어쩌다 욕이 되었나

 다음은 엿을 만드는 순서를 차례대로 적어 놓은 것이다.

1) 찹쌀 1kg 가량을 물에 담근다.

2) 이것을 쪄서 밥을 만든다.

3) 이 밥에 물 3L와 엿기름 160g을 넣고 잘 섞은 다음에 60도의
   온도로 5~6시간 둔다.

4) 이것을 엉성한 삼베 주머니로 짠다.

5) 짜낸 국물을 조린다.

18. 위 3)과 같은 일에서 엿기름 대신 넣어도 옳은 것은 무엇인가?

　　① 디아스타아제　　② 꿀　　③ 녹말　　④ 무즙

1964년 12월, 서울 지역 중학교 입학 시험에 출제된 문제
야.▶ 정답은 ①번 디아스타아제였는데 논란이 일어났어. ④번
무즙도 정답이 될 수 있다고 학생과 학부모가 일제히 항의했거
든. 왜냐하면 당시 초등학교 자연 교과서에 '침이나 무즙에도
디아스타아제 성분이 들어 있다'라는 내용이 수록되어 있었거

든. 그런데 학교와 교육 당국에서는 디아스타아제만을 정답으로 고집했고, 실제로 재판부에서도 무즙으로 엿을 만들 수 있는지 전문 기관에 실험을 의뢰하기까지 했지. 결국 무즙으로는 엿을 만들 수 없다며 오답이라고 결론을 내렸어. 그 당시에는 1점 차이로 명문 중학교 입학이 결정되었기 때문에 학부모들은 이 사태를 보고만 있을 수 없었어. 기어코 무즙으로 엿을 만들어 냈지. 결국 법원도 무즙을 정답으로 인정하기로 판결을 뒤집었어. 38명의 학생이 추가로 중학교에 입학할 수 있었지.

"이게 무즙으로 만든 엿이다. 엿이나 먹어라! 엿 먹어라!"

이때 흔히 '엿 먹어라'라는 표현이 욕설처럼 쓰였어. 그런데 그거 알고 있어? 사실 엿은 복을 뜻하는 단어였어. 예전에는 중요한 시험을 앞둔 수험생에게 엿을 선물하며 합격을 기원했지. 긴장으로 인한 복통에 특효약인 데다가 기침을 멈추게 해서 좋은 간식이었거든. 시험장에서 흔들림 없이 최선을 다하라는 격려가 담겨 있었지. 게다가 대학 입시를 치르는 날이면 수험생 어머니들이 교문에 커다란 엿을 붙여놓고 자식이 좋은 성적을 받기를 기원하는 모습이 카메라에 포착되기도 했어. 끈끈한 엿처럼 시험에 한 번에 딱 붙으라는 바람이 담겨 있었지.

시골에서는 겨울철 먼 곳에서 오는 손님에게 내주는 귀한 음식이 바로 엿이었어. 엿을 선물한다는 것은 복을 선물한다는 의미이기도 했어. 시집가는 딸의 이바지 음식에 정성 들여 만든 엿을 넣어 사돈댁에 보내기도 했지. 복 많이 받으라는 기원을 담은 음식이었어. 그러니까 '엿 먹어라'라는 말은 원래 좋은 의미였던 거야.

그런데 이런 좋은 의미의 말을 우리가 아무 생각 없이 내뱉으며 바꿔버렸어. 지금은 욕처럼 사용하잖아. 실제로 국어사전에서 '엿 먹어라'를 검색해 보면 '속되게 남을 은근히 골탕 먹이거나 속여 넘길 때에 하는 말'이라고 나와. 굳이 사전을 찾지 않더라도 곰곰이 생각해 봐. '엿 먹고 시험 잘 봐'라고 하면 누가 좋아할까? 좋은 말도 이렇게 나쁜 의미를 담다 보면 그 고유의 의미가 사라지고 나쁜 의미만 남게 돼.

남을 아프게 하는 말

어떤 말의 조합은 다른 사람을 아프게 하기도 해. '막장'이라는 말 많이 들어봤지? 남이 잘 하지 않는 일을 하는 사람을 보며 '인생 막장'이라고 비하하거나, 드라마의 결말이 완전 별로라며

'막장 결말'이라는 말을 쓸 때가 있잖아. 막장은 **갱도**의 끝을 의미하는 단어인데 언젠가부터 다른 단어들과 조

합해서 '엉망'이라는 뜻으로 쓰이기 시작했지. 그런데 너무 이상하지 않아? 광산의 '갱도의 끝'과 '엉망'은 도대체 어떤 연결성이 있을까?

막장은 광산의 제일 안쪽 끝에 있는 불완전한 구역으로 길이 없어 길을 내면서 작업해야 하는 곳이야. 버팀목을 세우기 전인 곳이라 채굴 도중 무너질 위험이 높은 데다가 사람 한 명이 기어서 겨우 들어갈 정도로 좁은 곳도 있고, 산소가 부족해 숨 쉬기가 힘든 곳도 있어. 아무 소리도 들리지 않는 좁은 공간에서 막힌 석탄층을 마주하고 하루 종일 작업해야 하지.

광부들은 왜 이렇게 위험하고 힘든 장소를 노동의 장소로 선택했을까? 먹고살기 위해, 지독한 가난이 등을 떠밀어 어쩔 수 없이 선택한 거야. 그런데 사람들은 그들의 삶을 망한 인생에 빗대어 말하지.

"너 인생 그렇게 막장으로 살래?"

하지만 광부들에게 있어서 막장은 새로운 삶의 터전이기도

해. 꿈과 희망이 담긴 곳이지. 마지막인 것 같지만 그 막장을 다이너마이트로 뚫어 새로운 길을 열면 다시 시작되는 순간이 오니까. 갈 데까지 간 곳이 아니라 더 들어갈 수 있는 곳이 되잖아. 막장은 광부에게 진지한 삶의 터전인데, 우리는 그들의 삶을 망한 인생으로 치부하며 조롱하고 있는 거야. 그들의 삶과 꿈과 희망에 대해 조금이라도 공감한다면 아무 데나 이런 말들을 덧붙일 수 있을까?

비속어가 아니었던 단어가 비속어가 되고 아무 생각 없이 자주 말하게 되면서 누군가를 아프게 할 수 있어. 정말 사소한 우리의 습관에서부터 시작되지. 평소에 사용하는 말의 의미를 확인하지 않고 아무런 검열 없이 사용하는 습관 말이야. 지금까지 살펴본 관용어의 예처럼 우리가 일상에서 사용하는 말들에는 우리가 알지 못하는 의미들이 많이 숨어 있어. 그러니까 평소에 사용하는 말이 무엇을 의미하는지 반드시 확인해야 해. 정확한 의미를 하나씩 알아가다 보면 지금 사용하는 언어에 대해 생각할 계기가 생길 테고, 그러면 스스로에게 묻지 않을까?

"지금 내가 사용하는 이 말, 괜찮은 걸까?"

꿀 먹은 벙어리, 안여돼, 동성연애, 갑분싸, 갑툭튀, 결정장애, 엘사, 급식충, 불법체류자, 웃프다, 틀딱, 용병

애들아, 이 중에서 혐오와 비하, 차별의 의미를 담고 있는 단어는 무엇일까?

쉬운데요! 안여돼, 급식충, 틀딱!

 정답은 바로 '꿀 먹은 벙어리, 안여돼, 동성연애, 결정장애, 엘사, 급식충, 불법체류자, 틀딱, 용병'이야.

'꿀 먹은 벙어리'와 '결정장애'가 비하하는 의미를 담은 말이라고요?

 '꿀 먹은 벙어리'는 속담 아닌가요?

'용병'은 스포츠 뉴스나 방송에서 실제로 많이 쓰던데요?

맞아. 혐오나 비하, 차별의 단어들이 수면 위로 올라와서 잘못된 부분을 알린 지 몇 년 되지 않았거든. 그래서 너희가 잘 모를 수도 있지. 드라마 〈이상한 변호사 우영우〉는 천재적 두뇌와 자폐 스펙트럼 장애를 지닌 우영우가 성장하는 과정을 담은 이야기야. 첫 회에서 우리가 장애인을 평소에 어떻게 생각하는지 알 수 있는 인상 깊은 장면이 나와.

정명석 변호사 저기 그 병원 가야 되지? 직원 붙여줄 테니까 같이 갔다 와. 외부에서 피고인 피해자 만나는 거 어려워. 그냥 보통 변호사들한테도 어려운 일이야. 미안해요. 그냥 보통 변호사라는 말은 좀 실례인 것 같다.

우영우 괜찮습니다. 저는 그냥 보통 변호사가 아니니까요. ▶

비장애인 정명석 변호사가 장애인 우영우 변호사 앞에서 아무 생각 없이 했던 말처럼 우리가 일상생활에서 사용하는 언어 중에 상대방을 차별하는 말이 있어. 차별의 언어가 무엇인지, 평소에 자신도 모르게 그런 단어들을 쓰고 있는 건 아닌지 점검이 필요하겠지.

장애인을 비하하는 말

"북한 미사일 도발에 '벙어리'가 돼버렸다."

"경제부총리가 금융 부문을 확실하게 알지 못하면 정책 수단이 '절름발이'가 될 수밖에 없다."

"군 당국이 또다시 '눈뜬장님'이었다면 큰 문제다."▶

2014년 국가인권위원회는 '귀머거리'나 '벙어리', '절름발이' 등의 단어를 장애인에 대한 고정 관념이나 편견을 강화할 수 있는 용어로 규정해서 사용하지 말자는 의견을 표명했어. 하지만 여전히 정치권에서도 장애인을 비하하는 발언은 계속되었고, 실제로 우리도 왜 이 단어가 차별의 언어인지 갸우뚱한 게 사실이야. 그렇지만 장애인 입장에서 듣자면 비유적인 표현이라고 해도 상처가 될 수 있는 민감한 말들이지.

비하하는 표현들이 관용적으로 쓰이게 된 원인은 속담에 장애를 비하하는 표현이 많이 등장했기 때문이야. 속에 있는 생각을 남에게 말하지 못하는 사람을 '꿀 먹은 벙어리'라고 표현하거나, 답답한 사정이 있어도 남에게 말하지 못하고 혼자만 괴로워하며 걱정하는 경우에 '벙어리 냉가슴 앓듯'이라고 표현하지. 전체를 보지 못한 채 자기가 알고 있는 부분만 가지고 고집을 부릴 때는 '장님 코끼리 만지기'라는 표현을 써. 속담은 실제로 자주 사용하는 관용 표현이기 때문에 우리는 그 어떤 의심도 하지 않고 사용해. 평소 다른 단어들보다도 더 많이 사용했을 수도 있고, 비유의 표현을 익히기 위해 오히려 일부러 배우기도 했지. 물론 일부러 장애인을 비하하려고 쓰지는 않을 거야. 차별 표현에 대한 이해가 부족했고, 평소에 사용하던 대로 습관적으로 쓰다 보니 입에 익숙해진 거지. 이런 상황을 벗어나려면 언어를 예민하고 낯설게 보려는 노력이 필요해. 하나하나 따져가며 자신이 쓰는 말이 누군가를 불편하게 만들지는 않는지 고민해 봐야 하지.

나한테만 재밌는 말

'병맛'이라는 말 많이 들어봤지? '병신 같은 맛'의 축약어로 이야기의 개연성이 심각하게 떨어지고 상식적으로 말이 되지 않는 비정상적인 구성으로 어이가 없어 왠지 웃음이 날 것 같은 상황에서 쓰는 말이야. 루저 정서를 반영하고 인정하는 하나의 B급 문화를 가리키는 말이지.

어, 이게 뭐지? 다소 질이 떨어지는 느낌인데? 그런데 재미없으면서도 재밌네! 상식 밖인데 왠지 웃음이 나네!

우리는 '병맛'을 나쁜 의미가 아닌 참신하고 훌륭하다는 좋은 의미로 많이 사용해. 그런데 이 단어는 말 그대로 '병신'이라는 비속어에서부터 비롯되었어.

병신은 본래 욕이 아니었어. 키가 큰 사람을 장신長身, 키가
작은 사람을 단신短身으로 부르는 것처럼, 아픈 몸을 가진 사람
을 병이 있는 몸이라는 뜻으로 병신病身으로 불렀던 거지. 예전
에는 앉은뱅이나 벙어리, 귀머거리, 장님 등의 장애인을 일컫는
말이었어. 가난하고 사회적 차별이 심했던 과거에는 몸이 불편
한 사람에 대한 차별이 심했고, 사람들이 장애인을 낮잡는 의미
로 사용되었지. 그렇기 때문에 장애인을 차별하는 표현이라고
볼 수 있어.

우리는 조금만 자기 맘에 들지 않거나 부족한 행동으로 보이
면, 혹은 적당한 욕이 생각나지 않으면 '병신'이라는 단어를 사
용해. 혹은 채팅창에 ㅂㅅ이라고 쓰면서 아무 거리낌 없이 웃으
면서 누군가를 조롱하지. 하지만 병신은 질병을 앓고 있거나 신
체에 장애를 가진 모든 사람들까지 한꺼번에 자연스럽게 조롱
하는 단어야. 의미의 변형도 없이 정신적으로 신체적으로 결함
이 있는 사람을 비하하는 전형적인 욕설이기 때문에 절대 사용
하면 안 돼. 나한테만 재밌는 말이고 듣는 사람에게는 너무나
마음이 아픈 차별의 언어니까.

일본어에서
유래한 차별의 말

비슷한 뉘앙스로 '지랄'도 잘 쓰는 말이야. 이 말은 마구 법석을 떨며 분별없이 행동하는 모습을 속되게 이르는 말로 '간질'에서 나왔어. '간질'은 의식 상실, 전신의 경련 발작을 일으키는 질환으로 공식 용어는 '뇌전증'이야. 발작이 일어나면 눈을 허옇게 뒤집으며 입에 거품을 물고 온몸에 경련을 일으키면서 실신하는데 이 증상을 지랄증이라고 불렀어. 이런 표현을 욕으로 사용하기 시작하면서 뇌전증을 앓고 있는 당사자의 아픔이나 상황은 무시당하고 부정적인 이미지로 고정되었지. 또 다른 비하의 감정을 낳게 된 거야.

일본어로 뇌전증은 텐칸てんかん이라고 하는데, 이 말에서 '땡깡'이 유래했다고 해. '땡깡'은 생떼를 속되게 이르는 말인데, 생떼를 쓰며 억지를 부리는 모습이 뇌전증 증상과 비슷해 보인다는 이유로 '땡깡 쓴다', '땡깡 부린다'와 같이 표현하는 거지. 하지만 장애를 비하하는 표현이므로 우리말 '생떼'나 '억지'로 바꿔 써야 해.

'찐따'는 절름발이를 뜻하는 일본어 '친바ちんば'에서 나왔다

고 해. 일제의 잔재 용어로 다리 길이가 서로 달라 걷기 불편한 사람을 지칭할 때 사용했지. 최근엔 '문찐(문화 찐따)', '찐특(찐따 특징)' 등 다른 단어와 결합한 표현이 온라인을 중심으로 퍼지면서, 어리석은 사람이나 업무 능력이 부족한 사람, 무리에 어울리지 못하는 사람을 지칭하는 단어로 사용해. 의도하지 않았다고 해도 결국은 다리가 불편한 사람을 어리석거나 무언가 능력이 부족한 사람으로 특징짓는 말이므로 쓰지 않아야 해.

평소에 자신도 모르게 그냥 재미로 사용했던 단어가 누군가를 비하하고 차별하는 의미로 쓰인다는 사실을 알고 깜짝 놀랐을 거야.

나는 그럴 의도가 아니었는데!

그런데 우리가 일상에서 쓰는 말에는 차별뿐 아니라 누군가를 혐오하는 감정을 담은 단어들도 많아. 혐오의 단어들은 일방적으로 미워하고 싫어하는 데 그치지 않고 사람 사이의 관계에 악영향을 끼치지.

혐오, 비하, 차별의 말들

꿀 먹은 벙어리 ≫ 장애를 빗대어 비하하는 부정적인 이미지를 담은 말

안여돼 ≫ 안경, 여드름, 돼지를 합쳐 외모를 비하하는 말

동성연애 ≫ 동성간의 성性적인 부분만 부각한 말로 '동성애'로 바꿔
써야 함

결정장애 ≫ 결정을 내리지 못하는 상황이나 사람을 가리키는 혐오
표현으로 결단력이 부족한 모습을 장애와 연관 지으면서 장애를
비하하는 말

엘사 ≫ LH(한국토지주택공사)임대주택에 사는 사람을 혐오하는 말

급식충 ≫ 급식을 먹는 청소년을 벌레를 뜻하는 충蟲에 빗대어 비하하는 말

불법체류자 ≫ 외국인 혐오를 조장하는 말로 '미등록 외국인'으로 바꿔
써야 함

틀딱 ≫ 틀니와 부딪치는 소리 '딱'을 합친 신조어로 구시대적 발상에서
벗어나지 못하거나 시대의 변화에 순응하지 못하고 과거를 들먹이는
어른을 비하할 때 사용하는 말

용병 ≫ 팀에 대한 소속감보다 돈에 좌지우지되며 언제든 떠날 수 있다는
부정적 어감을 내포한 단어로 '외국인 선수'로 바꿔 써야 함

너의 말에 담긴 혐오

언어에는 그 언어를 사용하고 말하는 사람의 가치관이 그대로 드러나. 재미있고 창조적인 언어는 분위기를 바꾸기도 하고 톡톡 튀어 개성 있어 보이지. 하지만 아무 생각 없이 재미만 추구하다 보면 언어유희와 언어 파괴의 아슬아슬한 줄타기에서 자신도 모르게 어느 순간 혐오의 단어를 던질 수 있어. 재미있고 참신한 신조어만 있다면 좋겠지만, 이미 차별의 단어가 사람들을 비하하고 혐오의 단어가 사람들에게 큰 상처를 주면서 동시에 사회적인 문제까지 일으키고 있는 상황이야. 도대체 혐오의 단어가 뭐길래.

풍자와 혐오는 다르다

혐오嫌惡는 싫어하고 미워하는 것을 말해. 우리가 일상에서 느끼는 아주 자연스러운 감정이지만, 차별을 정당화하고 드러내어 부추기는 '혐오 표현'은 심각한 사회 문제야. '혐오 표현'은 성별, 장애, 종교, 나이, 인종, 성적 지향 등을 이유로 개인이나 집단에게 모욕, 비하, 멸시, 위협 또는 차별과 폭력을 선동하는 것을 말해. '사회적 소수자'인 개인이나 집단을 차별하거나 혐오하는 거지. 사회적 소수자는 신체적, 문화적 특징 때문에 주류 집단으로부터 불평등한 대우를 받는 개인이나 집단을 뜻해. 예전에는 여성이나 이주민, 장애인, 성 소수자 등이 대상이었는데, 요즘은 어린이나 노인, 남성을 대상으로 한 혐오 표현도 골고루 퍼져 있어. 같은 사회에서 숨 쉬고 있는 많은 사람들이 혐오의 대상이 되고 있다는 말이지.

급식충蟲은 급식을 먹는 초중고 학생들을 벌레로 비하하여 부르는 말이야. 처음에는 일부 개념 없이 행동하는 학생들에게 썼는데, 어느새 청소년을 일반적으로 지칭하는 말이 되었지. 급식충이란 말에는 무책임하고 무례하고 논리적이지 못하다는 의미가 있어. 청소년 전반에 대한 사회의 부정적 인식을 고스란히 담은 거지. 그럼에도 불구하고 별다른 문제 없이 청소년을 일컫는 마치 재치 있는 표현인 것처럼 사용하고 있어.

기원전 1700년경 수메르인이 쓴 점토판에 이런 내용이 쓰여 있었어.

"요즘 젊은이들은 너무 버릇이 없다."

철학자 소크라테스도 이런 말을 남겼다지.

"요즘 아이들은 버릇이 없다. 부모에게 대들고, 음식을 게 걸스럽게 먹고, 스승에게도 대든다."

세대 갈등은 시대를 초월해서 오래된 자연스러운 현상이라고 볼 수 있지. 하지만 다른 세대를 배척하면서 혐오하는 것은 갈등과는 달라. 혐오 표현은 합리적 근거 없이 그저 누군가를 경멸하면서 사회적 편견을 조장하고 배척하게 만들거든. 게다가 혐오 표현은 신조어로 포장되어 있어서 마치 참신하면서도 재치 있는 풍자처럼 보인다는 게 가장 큰 문제야. 풍자諷刺는 남의 결점을 다른 것에 빗대어 비웃으면서 폭로하고 공격하는 것을 말하는데, 강자가 약자를 억압하듯 근거 없이 일방적으로 비난하는 혐오 표현은 풍자라고 볼 수 없어. 그러니까 마치 혐오가 풍자인 것처럼 인터넷 게시판을 통해 퍼져나가면 단순한 유머나 유행처럼 여기며 또 다른 차별과 혐오를 만들게 되겠지.

누구나
벌레가 되는 세상

급식충처럼 벌레로 비하해 부르는 대상이 학생들만은 아니야. 사실 '-충蟲'은 불특정 대상 뒤에 붙어서 특정 행동이나 집단을 혐오하는 만능 접미사가 되었거든. 기억나는 단어들이 많이 있지 않아?

웃자고 하는 말에 진지하게 반응했다고 해서 '진지충', 굳이 풀이할 필요가 없는 것까지 자세히 설명했다고 해서 '설명충', 수시 전형으로 대학교에 입학했다고 해서 '수시충', 지역균형선발 전형으로 입학했다고 해서 '지균충'이라니.

'맘충'은 공공장소에서 아이들을 제대로 돌보지 않고 다른 사람들에게 피해를 주는 몰상식한 몇몇 엄마들의 행동을 비난하는 단어였어. 그런데 어느 순간 모든 엄마를 싸잡아서 벌레로 낙인찍는 혐오 표현이 되었지. 이제 엄마들은 아이를 데리고 밖

으로 나가기가 부담스럽고, 아이와 함께하는 행동 하나하나가 지적당할까 봐 두려워. 그러다 보니 자신도 모르게 남의 시선을 의식하게 되어 위축되지.

노약자석에 앉아 있는 임산부를 폭행한 노인이나 정치와 관련된 시위를 하는 노인들을 다룬 기사 댓글에 많이 등장하는 단어가 뭘까? 바로 '틀딱충'이야. 이 말은 노인들이 끼는 틀니와 틀니가 부딪힐 때 나는 딱 소리를 합친 말이야. 노인의 특성을 고집이 세고 무례하고 편협한 이미지로 규정지으며 혐오하는 말이지.

"헐, 틀딱!"

잔소리하는 어른에게 이렇게 말하는 아이들도 있더라. 물론 버스와 같은 대중교통에서 나이를 무기 삼아 함부로 행동하는 노인을 볼 때면 눈살이 찌푸려져. 하지만 이런 단어를 자꾸 입에 올리다 보면 일부 민폐 행동을 비판하는 걸 넘어 어느 순간 그 대상 전체를 비하하고 조롱하는 마음을 가지게 돼. 그리고 그 말에 담긴 혐오나 차별에 대해 그 어떤 문제의식도 느끼지 못하게 되지. 너도나도 벌레가 되고 마는 거야. 동생을 태운 유모차를 끌고 카페에 들어간 엄마는 '맘충', 공부를 열심히 해서 지역균형선발 전형으로 대학에 입학한 언니는 '지균충', 맞벌이 하는 부모님 대신 나를 돌봐주셨던 할아버지는 '틀딱충'이 되어 따가운 시선과 비난을 받게 될 수도 있어.

급식충은 네가 걸어온 길이고, 틀딱충은 네가 걸어갈 길이 될 거야. 개개인의 생각이나 가치관이 자신과 다른 것은 그저 다른 것이지 틀린 것이 아니야. 그들의 생각과 가치관을 존중해 주는 자세가 필요하다는 거 잊지 마.

표현의 자유 아닌가요?

세계인권선언

제 1조

모든 사람은 태어날 때부터 자유롭고, 존엄하며, 평등하다. 모든 사람은 이성과 양심을 가지고 있으므로 서로 형제애의 정신으로 대해야 한다.

제 2조

모든 사람은 인종, 피부색, 성, 언어, 종교 등 어떤 이유로도 차별받지 않으며, 이 선언에 나와 있는 모든 권리와 자유를 누릴 자격이 있다.

1948년 프랑스 파리에서 발표된 '세계인권선언'의 일부 내용을 정리한 거야. 모든 인류의 기본적인 권리인 인권에 대해 이야기하고 있어. 혐오 표현은 세계인권선언의 기본 정신이면서 모든 사람의 당연한 권리인 인권을 위협하는 행위라고 볼 수 있어. 그렇기 때문에 표현의 자유라고 생각하는 사람들에게 이렇게 말해 주고 싶어.

"민주주의 사회에서 누구나 의사 표현의 자유가 있어. 하지만 혐오를 표현하는 것도 개인의 자유라고 볼 수 있을지 생각해 봐야 해.

차별이나 혐오 표현은 그 자체로 상대방에게 공포심과 모욕감, 자신감 상실 같은 극심한 정신적 고통을 주고, 인간 존엄성을 침해하거든. 표현의 자유보다 인간의 존엄성이라는 최고의 가치를 해치지 않는 게 훨씬 더 중요하다는 걸 기억하면 좋겠어."

혐오나 차별의 언어를 내뱉는 사람들은 직접적으로 비하하려는 목적이 아니었다고 자주 말해. 하지만 누군가를 벌레로 취급하고 장애인을 비하하는 말들을 계속해서 사용하다 보면 비하하려는 목적이 아니었다고 하더라도 불편하게 만들고 깊은 상처를 줄 수 있어. 조금 더 신중하고 예민하게 언어 감수성을 키워야 하지 않을까? 우리 모두는 혐오의 대상에서 자유로울 수 없으니까.

세계인권선언문을 들고 있는
엘리너 루스벨트(1949년 11월)

욕, 이대로 괜찮을까?

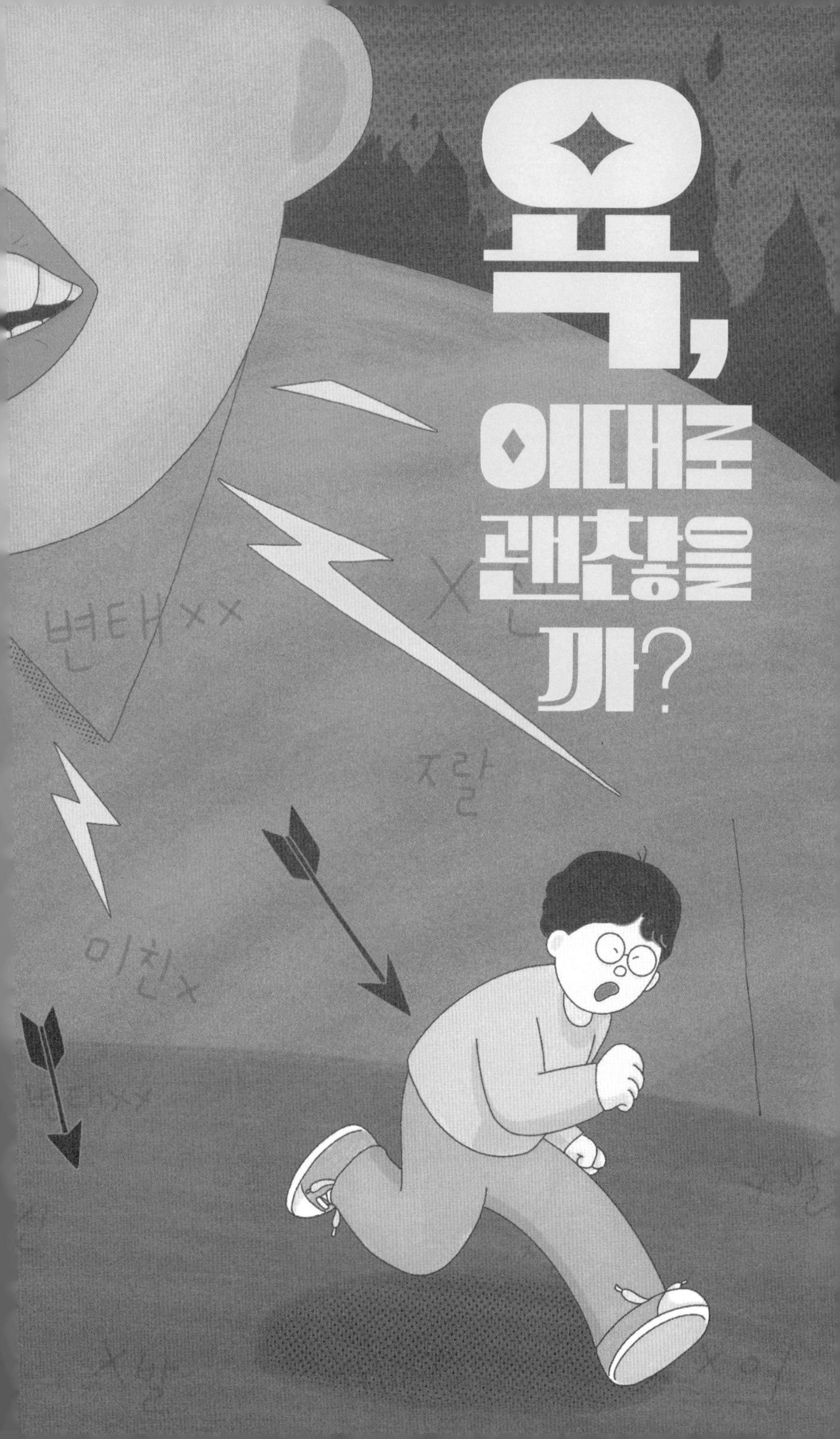

우리의 정서를 지배하는 욕

애들아, 너희들 좋은 말을 들은 양파는 잘 자라고, 나쁜 말을 들은 양파는 잘 자라지 못하는 실험을 들어 봤니?

전 들어봤어요. 그리고 예전에 TV 프로그램에서 비슷한 실험을 하는 것도 봤어요. '고맙습니다'를 계속 말해 준 밥알은 구수한 누룽지처럼 좋은 곰팡이가 생기고, '짜증 나'를 계속 말해 준 밥알은 냄새가 나는 검푸른 곰팡이가 생기던데요.

좋은 말, 나쁜 말 밥알 실험

 뭐? 정말?

저는 고구마, 감자로 실험한 것도 봤어요.

 물론 이 실험들은 유사 과학으로 실질적으로 입증하기는 힘들지. 아마도 말에 어떤 힘이 있을지 모르니 모두 말을 조심하자는 뜻에서 한 실험일 거야. 그렇다면 '욕'이 사람에게 어떤 영향을 끼칠지 궁금하지 않니? 욕이 우리의 신체와 정서에 끼치는 영향에 대해서 한번 확인해 볼까?

욕을 하게 만드는 변연계

19세기 프랑스 문학을 대표하는 시인 샤를 보들레르는 말년에 뇌졸중으로 쓰러져 언어 능력을 잃었지만 '이 말'만큼은 입에서 떨어지지 않았다고 해. 그를 병원에서 내쫓기까지 한 이 말은 바로 제기랄crénom이었어. 어떻게 언어 기능을 상실한 환자가 욕설을 내뱉을 수 있는 걸까? 언어는 뇌의 대뇌 피질이 관장하지만 욕은 자율 신경계를 다루는 변연계에서 작동되는 본능적 행위이기 때문이야. 감정을 담당하는 변연계가 통제되지 못해 일어난 현상이라고 볼 수 있지.

감정의 뇌라 불리는 변연계는 뇌에서 가장 안쪽에 자리 잡고 있어. 모든 동물들이 가지고 있는 뇌이기 때문에 '원시 뇌'라고도 불러. 감정의 뇌답게 감정, 욕구, 본능, 충동성을 담당하고 있는데, 이 변연계에는 성난 감정을 유발하고 불안과 공포를 조절

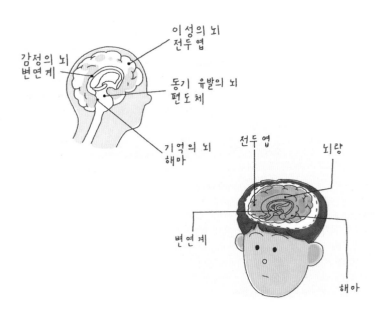

이성의 뇌
전두엽

감정의 뇌
변연계

동기 유발의 뇌
편도체

기억의 뇌
해마

전두엽

뇌량

변연계

해마

하는 편도체와 짧은 기억을 저장하는 해마가 포함돼 있지. 혹시
소설《아몬드》의 주인공 윤재를 아니? 윤재는 감정 표현 불능
증, 즉 '알렉시티미아'라는 감정을 느끼지 못하는 증상을 앓고
있어. 이것은 **편도체**의 크기가 작
은 데다가 변연계와 전두엽 사이
의 접촉이 원활하지 못해서 생긴

✦ **편도체** 감정을 조절하고 특히
공포와 공격성을 처리하는 데 중
요한 역할을 하는 아몬드 모양의
뇌 구조

증상이었어. 그래서 윤재는 공포심이나 두려움 자체가 없고 사

랑을 느끼거나 공감을 하지 못했지.

이성의 뇌라 불리는 전두엽은 이마와 가까운 부분에 있는데 이성적인 사고와 판단을 담당해. 어떤 상황이 위험한지 아닌지 결정하고, 동기를 부여해서 집중하게 만들지. 또한 계획을 세우거나 결심을 하는 등 목표 지향적인 행위를 주관하며 인간성과 도덕성을 관장하기도 해.

그런데 판단과 사고를 담당하는 전두엽은 성인이 되어서야 완벽하게 성장해. 뇌의 구조마다 발달하는 시기가 다른 거야. 그래서 청소년기에는 이성적으로 판단하지 못하고 정서적인 반응을 하는 변연계가 강하게 작용하여 충동적이고 우발적인 행동을 하게 되지.

욕할수록
쪼그라드는 뇌

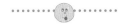

그런데 욕을 많이 사용하는 사람일수록 어휘력과 사회성을 담당하는 뇌량, 기억력을 담당하는 해마, 충동성을 조절하는 전두엽의 크기가 작은 것 알고 있니? 욕을 많이 사용하면 어휘력이 낮아지고, 서로 어울리며 갈등을 해결해 나가는 데 필요한 사회

성도 떨어지고, 자신도 모르게 참지 못해 충동적인 행동을 한다는 말이야. 정말 그럴까? 이것과 관련된 실험이 있어.

어느 중학교에서 하루에 욕을 100회 이상 쓰는 청소년과 10회 이하로 쓰는 청소년 두 팀으로 나눠서 실험을 했어.▶ 제한 시간 10분 안에 카드를 뒤집어서 같은 그림의 카드 세 쌍을 찾는 실험이었지. 하루에 욕설을 10회 이하로 쓰는 팀은 각자 카드를 뒤집은 뒤 차분하게 회의하면서 카드 위치를 공유해서 미션에 성공했어. 하지만 하루에 욕설을 100회 이상 쓰는 팀은 계획 없이 카드를 뒤집기만 했고, 결국 팀워크가 맞지 않는다며 서로를 탓하다가 단 한 쌍의 카드도 찾지 못했지.

도미노 게임에서도 똑같은 결과가 나왔어. 하루에 욕설을 10회 이하로 쓰는 팀은 넘어져도 서로 격려하고 협동하면서 끈기 있게 도미노 쌓기에 성공했는데, 하루에 욕설을 100회 이상 쓰는 팀은 도미노가 쓰러지자 화내며 포기하는 모습을 보였지.

왜 그런 걸까? 욕이 우리 뇌에 무언가 작용했기 때문이야. 욕은 감정의 뇌, 변연계를 강하게 자극할 뿐만 아니라 이성의 뇌, 전두엽의 활동을 막아버리고 뇌량이나 해마, 전두엽의 발달을 방해해. 그렇기 때문에 욕을 많이 하는 사람들은 대부분 계획적이지 못하고 충동적으로 문제의 원인을 파악해. 문제를 해결할 수 있는 문제 해결력이 상당히 떨어지게 되지.

욕을 듣는 사람의 뇌도
안심할 수 없어

············ ⦿ ············

게다가 욕을 많이 하는 사람뿐만 아니라 욕을 많이 듣는 사람의 뇌 발달도 방해한다는 게 문제야. 어린 시절 부모나 동료에게 언어폭력을 당한 성인 63명의 뇌를 조사한 결과 뇌량과 해마, 전두엽이 상당히 쪼그라들어 있는 것을 발견했어.▶

뇌량은 좌뇌와 우뇌의 연결 통로로 이 부분이 손상되면 어휘력과 사회성에 문제가 생겨. 해마는 감정과 기억을 담당하는 부위로 이곳에 문제가 생기면 쉽게 불안해지고 우울증을 앓을 확률이 높아지고 심할 경우에는 자살 충동까지 느낄 수 있어. 게다가 이성을 담당하는 전두엽은 청소년기에도 계속 성장하기 때문에 이 시기에 제대로 발달하지 못하면 이성이 본능을 통제하지 못해 충동적인 행동을 일으킬 수 있어. 그러니까 욕을 듣기만 해도 뇌량, 해마, 전두엽의 기능이 떨어져 기억력이 나빠지고 감정을 조절하지 못해 충동적으로 행동하게 된다는 거야. 결국 부정적인 언어 습관은 욕하는 사람뿐만 아니라 욕을 듣는 사람의 뇌 발달에까지 악영향을 끼칠 수 있다는 거지.

욕이 만드는
부정적인 정서

욕의 영향을 받은 뇌는 우리의 감정까지 부정적으로 만들기도 해. 어느 방송에서 그룹을 둘로 나눠 실험을 했어. 한 그룹에게 는 욕이 난무하는 영화를 보여주었고, 다른 그룹에게는 아름다 운 자연을 계속 보여주었대.▶ 그러고 나서 어느 그림을 공통으 로 보여주면서 느낌이 어떤지 질문했지.

그런데 같은 그림을 보고서도 두 그룹의 반응이 달랐어. 욕 이 나오는 영화를 본 그룹은 그림을 보면서 고독함, 지침, 좌절, 침통, 우울 등의 부정적인 감정이 들었다고 했고, 자연을 본 그 룹은 평화, 고요함, 대화, 쉼 등의 감정이 들었다고 했지. 같은 그림을 보고서도 왜 다른 감정이 드는 걸까?

욕을 들으면 **부정성 효과**로 나쁜 단어들이 머리에 각인되기 때문이 야. 이런 단어들은 잘 잊히지 않아.

✦ **부정성 효과** 부정적인 사 건이나 정서가 긍정적인 것보 다 더 강력한 영향을 미치는 것

우리가 평소 사용하는 비속어를 생각해 보면 알 수 있지. 배운 것도 아니고 외운 것도 아닌데 머릿속에 쏙쏙 박히고 입에 찰떡 같이 달라붙잖아. 보통 부정적인 단어는 재밌으니까 무척 호의

적으로 받아들이지. 그러다 보면 긍정성 단어들은 메모리 순번에서 밀려서 사라지게 돼. 우리 메모리는 한정적이니까 뇌에서 가지치기(푸르닝prunning)를 하는 거야. 우리 머릿속에 있는 긍정성 단어들을 없애는 거지.

긍정성 단어들을 내보내고 부정성 단어를 받아들이는 상황이 반복되면 우리 뇌에는 부정적 언어만 남게 돼. 그러면 우리가 의도하지 않더라도 우울하고 슬프고 죽을 것 같은 부정적 감정만을 느끼게 되면서 우리의 정신과 행동이 지배당하는 거지. 그러니까 말 한 마디를 내뱉을 때에도 우리의 뇌와 감정에 끼치는 영향을 고민해 봐야겠지.

우리의 어휘력을 지배하는 욕

 다음 초성을 보고, 떠오르는 단어를 말해 볼래?

ㅅ ㅂ

시발, 설빙, 손발, 삭발

 ….

 음, 다른 초성도 보고, 떠오르는 단어를 말해 보자.

ㅈ ㄹ

주량, 조루, 정리, 지랄

 야….

 진리, 지리, 자랑, 진로?

 오, 나도 아는 단어네! 근데 왜 생각이 안 났지?

 솔직히 저는 욕밖에 생각이 안 났어요. 저런 초성에 욕이 생각나지 않는다는 건 가식 같아요.

그렇게 생각할 수도 있지. 선생님이 너희들이 많이 쓰는 비속어의 초성을 제시어로 뽑은 건 이런 부정적인 단어들이 너희들 머릿속에 얼마나 각인되어 있는지 궁금해서야. 비속어를 많이 사용하면 우리가 알고 있는 평범한 말들을 자꾸 잊게 돼. 평소 우리가 욕을 사용하는 것과 어휘력, 문해력이 아주 밀접한 관계가 있다는 얘기지. 욕과 어휘력, 문해력이 어떤 관련성이 있는지 한번 살펴볼까?

낮은 문해력이
가장 큰 원인

2020년 8월 17일이 임시 공휴일로 지정되면서 네티즌들 사이에서 '사흘'이 3일이냐, 4일이냐에 대한 갑론을박이 시작되었어. 3일을 의미하는 순우리말 '사흘'을 몰라서 4일로 잘못 이해해 생긴 해프닝이었지. 이 사건으로 문해력에 대한 우려가 수면 위로 올라왔어. 어른들뿐만 아니라 학생들의 문해력 수준도 걱정이었지. 학교에서 수업이 진행되지 않을 정도로 학생들의 문해력 수준이 낮았기 때문이야.

2006년 경제협력개발기구(OECD)가 만 15세 학생들을 대상으로 실시한 국제학업성취도평가(PISA)에서 우리나라는 읽기 영역에서 세계 1위를 차지했어. 그런데 그 후 12년이 지나면서 6~11구간으로 떨어졌고, 현재는 교과서 내용을 이해할 수 없을 만큼 문해력 수준이 낮은 학생들이 전체의 32.9%에 달한다고 해. 정말 짧은 시간 동안 문해력 수준이 엄청나게 떨어진 거지. 기본 문맹률은 1% 정도로 최하위인 나라에서 문해력은 낮은 아이러니한 상황이 벌어진 거야. 과학 시간에 나오는 '그을음'이나 '티끌'이 뭔지 모르거나, '금일今日'을 '금요일', '고지식'을 '높은

OECD 국제학업성취도평가 (2018년)

高 지식'으로 이해하는 게 이상하지 않은 상황이지.

　교과서에서 출제하는 문제는 문맥을 이해하면 대부분 쉽게 풀 수 있어. 그러니까 교과서 내용을 이해하기 어렵거나 시험에서 굉장히 낮은 점수를 받았다면 기본적인 어휘를 몰라서 문맥을 이해하지 못했기 때문이라고 볼 수 있어. 영어 지문에서 영어 단어의 뜻만 알아도 이러저러하게 생각해 보면 해석이 어렵지 않은 것과 비슷하지. 낮은 어휘력이 낮은 문해력의 가장 큰 원인일 정도로 심각해.

내 어휘력이 어때서

우리의 어휘력 수준은 대화할 때도 그대로 드러나지. 물론 처음 듣는 단어가 있을 수도 있고 모를 수도 있다고 생각해. 새로운 단어를 알게 되면 배우고 익히면 되니까 큰 문제가 아닐 수도 있어. 세상에 있는 모든 단어를 전부 알 수는 없으니까. 선생님도 가끔은 모르는 단어를 접할 때가 있어서 사전을 뒤적거리거든.

그런데 문제는 우리의 뇌에 강한 인상을 남기는 단어가 많아질수록 우리가 긍정적인 단어를 보관해 둘 공간이 부족해진다는 거지. 앞에서 '프루닝' 이야기했잖아. 뇌는 필요한 것 이외의 것들을 가지치기하는데, 욕은 다른 단어보다 4배나 강하게 뇌를 자극해서 각인되지. 결국 욕을 많이 사용하면 할수록 긍정적인 단어는 뇌에서 사라지고 욕과 관련된 단어가 머릿속을 차지할 수밖에 없어.

한마디로 우리가 평소에 사용해야 할 어휘들을 배워서 머릿속에 넣어야 하는데 욕을 함으로써 그 공간을 잃어버리는 게 문제야. 어휘력과 욕의 사용 횟수는 반비례하니까, 어휘력과 문해력을 잡기 위해서는 평소 어떤 단어를 자주 사용하는지 확인하는 게 중요하다고 볼 수 있지.

이지理智 이성과 지혜를 아울러 이르는 말

사서司書 서적을 맡아보는 사람

미상未詳 확실하거나 분명하지 않음

무운武運 전쟁 따위에서 이기고 지는 운수

어떤 상황에서든
적용되는 만능 언어

화가 나서 억울하고 속상할 때 자신도 모르게 욕이 튀어나온 적 있을 거야. 거의 본능적으로 말이야. 그러면 평소에 자주 하는 욕을 한번 떠올려 볼래? 잘 생각해 보면 재밌는 점이 발견돼. 우리가 반복적으로 사용하는 욕들은 굉장히 다양한 순간에 사용된다는 것이지. 기분이 좋을 때에도 '씨발', 나쁠 때도 '씨발'을 말하지 않아? 친한 친구가 재미있는 농담을 해도 '지랄!' 하며 감탄하고, 말도 안 되는 말을 해도 '지랄'이라고 하지 않니? 분명 다른 상황인데 욕은 어떤 상황에서든 다 적용되는 만능 언어 같단 말이지.

사실 우리는 살아가면서 굉장히 다양한 감정을 경험해. 그런데 이런 감정을 제대로 된 어휘로 표현하지 못해서 대신 욕을 형용사나 부사처럼 사용하는 거야. 기분이 어떤지 물었을 때, 자신의 감정을 '씨발', '존나', '지랄'처럼 욕으로만 극단적으로 표현하는 거지. 결국 자신이 느끼는 감정을 전달할 언어를 찾지 못하면서 다양한 감정까지 잃어버리게 되는 거야.

"내 언어의 한계가 곧 내 세계의 한계다."

철학자 비트겐슈타인이 자신의 책 《논리 철학 논고》에서
한 말이야. 비트겐슈타인은 순수 철학자로는 유일하게 타임지
가 선정한 20세기 가장 영향력 있는 인물에 이름을 올렸어. '내
언어의 한계가 곧 내 세계의 한계다'라는 말은 '언어'가 인간

사유思惟를 구체적으로 드러내 주는 도구라는 뜻이야. 쉽게 말하면 사람은 표현할 수 있는 만큼 생각

✦ **사유**　대상을 두루 생각하는 일로 철학에서는 개념, 구성, 판단, 추리를 행하는 인간의 이성 작용을 의미

할 수 있다는 뜻이지. 즉 어휘가 빈곤하면 많은 것들을 표현하지 못해서 깊은 사유를 포기하게 되고, 그러면 생각하는 능력, 즉 사고력에도 한계가 생긴다는 말이야.

　수업 시간에 주말에 있었던 일을 말해 보자고 했더니 신나게 이야기하길래 비속어는 빼고 얘기하자고 제안했지. 그러자 머뭇거리며 쉽게 말하지 못하더구나.

　뭐, 그럴 수도 있지!

　가벼운 마음으로 상황을 방치한다면 어떻게 될까? 나중에는 자신의 감정을 제대로 알지도 못하고 표현하지도 못하게 될 거야. 말로 표현할 수 있어야 진짜로 아는 거야. 언어로 표현할 수 있는 만큼만 생각하고 이해한다면 네 빈곤한 어휘로 표현되는 네 주관과 감정은 어느 정도일까? 네가 알고 있는 단어로만 네 삶이 표현된다면 어떨 것 같아? 욕으로 둘러싸인 자신의 일상을 돌아봐야겠지.

언어폭력도
폭력이야

 얘들아, 단톡방에서 이루어지는 언어폭력에 대해 어떻게 생각하니? 이런 것도 학교폭력이라고 볼 수 있을까?

욕이 너무 심해요. 부모님 욕까지… 너무 상처가 클 것 같아요.

 근데 보통 톡방에서는 그러지 않나요? 솔직히 당사자한테 직접 하는 것도 아니고… 학교폭력은 때리고 왕따시키고 그런 거 아닌가요?

도하하항

XXX 존나 재수 없지 않아? 아까도 마주쳤어. 토 나올 거 같아.

진심 역겨워. 씨발 면상 한번 뭉개주고 싶다.

그만먹자영

미친년이 씻지도 않고 다니나 봐. 머리가 떡져 있어 개소름.

도하하항

찐따년이 눈앞에 계속 나타나. 졸라 오바이트~

그만먹자영

근데 저년 요즘 반장한테 존나 설치고 다니더라. 응 누구 엄마~

ㅋㅋㅋㅋㅋㅋㅋㅋㅋㅋㅋ ㅋㅋㅋㅋㅋ

그냥 친한 친구들끼리 나누는 대화인걸요? 이런 걸 학교폭력이라고 한다면 가해자로 걸리지 않는 아이들이 없을걸요?

그렇다면 재판부는 이 상황을 어떻게 해석했을까? 재판부는 '채팅방 구성원이 서로 친한 사이라도 피해 학생들에 대한 모욕의 전파 가능성이 없다고 볼 수 없다'라고 했어. 학생이 이러한 사실을 알게 되면 **공연성**도 인 정되기 때문에 당사자 없는 단체 대화방에서 한 욕설도 학교폭력에

✦ **공연성** 음악, 무용, 연극 따위와 같이 많은 사람 앞에서 보일 수 있는 성질

해당한다는 판결을 내렸지. 친한 친구들끼리 수다 떤 것뿐이라고? 아니야, 이런 사소한 것들이 누군가에게는 엄청난 마음의 상처를 주게 돼. 잘못된 언어 습관이 왜 언어폭력이 되고 학교폭력으로 이어지고 사회 문제로 번지게 되는지 한번 알아볼까?

계획적인 악플은 없다

악성 댓글은 다른 사람을 악의적으로 비하할 목적으로 다는 댓글을 말해. 악플이라고도 하지. 처음에는 그냥 가볍게 자신의 감정을 표현하려고 뉴스나 SNS에 댓글을 달다가 자신도 모르게 상황과 기분에 취해 버리면 점점 표현이 과격해지기도 해.

그토록 기다리던 최애의 음악 방송 백스테이지 사진이 올라왔어. 정말 기대했는데 사진에서 보이는 코디가 오늘따라 너무

별로인 거야. 그동안 여러 번 그런 실험적인 코디를 하는 것도 참고 봤었는데 이건 울 오빠의 우주 최강 외모를 반감시켜서 무척 속이 상했지. 그래서 댓글을 달았어.

"오늘 코디 좀 실망스러워요!"

그런데 댓글을 읽다 보니까 다른 사람들도 신나게 욕을 하는 거야. 그러니까 자신도 모르게 더 신나게 욕하고 싶어졌어.

'에잇, 내가 누군지 아무도 모르는데 뭐 어때. 그리고 내 잘못인가? 제대로 코디 안 한 잘못이지! 욕을 들어도 싸!'

자신도 키보드에 한 손가락을 얹는 거지. 죄책감 같은 건 잘 느껴지지 않아. 왜냐하면 공감이 계속 눌리고 나만 그러는 건 아니니까. 오히려 정색하면서 욕은 하지 말자고 하면 아마 사람들이 비난할지도 몰라.

"웬 진지충? 컨셉 오지네."
"너 혹시 코디냐?"

 **miracleboyofficial** ✔ 　　　　　　　　　　　 **• • •**

♥　　💬　　✈　　　　　○ ○ ○ ● ○　　　　　　🔖

백스테이지... 대박 역대급 레전드... 매우 귀여워.

심장 부여잡..아...악... 정말 매일매일이 감동

#아침부터떡밥천국 #불가항력적존재감 #내가사랑하는슈스 #존멋

💗

∟, 오늘 메이크업은 뽀얗게 잘 됐네　　　　　　　　　　 ♡

∟, 까리한 표정...사랑한다

∟, 뭣지다 우로빠. 근데 우로빠 얼굴은 갓벽인데 착장 매번 쯤....　♡

　∟, 진짜 코디 센스가 존나 왜 저 모양? 낙하산인가?

　∟, 일도 더럽게 못 함. 지금 네가 있어야 할 곳은 OUT!

　∟, 진짜 코디 센스 지랄. 일 좀 제대로 하라고!!!

　∟, 오빠를 위해 제발 코디년 알아서 떨어졌으면.

　　　　　　♡

처음부터 악플을 쓰려고 계획하는 사람은 드물어. 충동적으로 그냥 기분에 따라 말하거나 댓글 분위기상 다른 사람들과 함께 욕해도 될 것 같을 때, 그냥 심심하니까 재미 삼아서 마치 댓글 놀이처럼 합류할 때가 많지.

예전에는 연예인들에게 주로 악플이 달렸다면 지금은 일반인에게도 악플이 달리면서 엄청난 사회적 파장을 일으키고 있어. 사람들이 악플의 심각성을 잘 모르기 때문이야. 악플의 대상이 되는 사람들은 평생 마음속에 잊을 수 없는 깊은 상처를 안고 살아간대. 자신에게 누군가가 그렇게 욕했다고 생각해 봐. 입장을 한번 바꿔 생각해 보면 자신이 어떻게 행동해야 할지 답이 나올 거야.

언어폭력도
학교폭력이라고

드라마 〈더 글로리〉가 국내는 물론 해외에서까지 인기를 끌면서 학교폭력의 심각성이 다시 사회적 이슈로 떠올랐어. 이 드라마는 학교폭력으로 모든 걸 잃은 주인공이 자신의 인생을 걸고 준비한 처절한 복수극을 그렸는데 첫 장면부터 시선을 돌

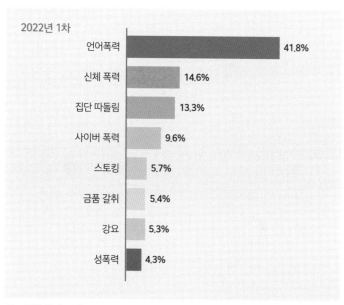

학교폭력 실태 조사 (2022년)

리게 만드는 상상을 초월한 잔인한 학교폭력이 등장해. 그런데 그 가운데에는 언어폭력이 늘 함께 따라붙었어. 마치 짝꿍처럼 말이야.

교육부의 '2022년 1차 학교폭력 실태 조사' 발표에 따르면 초등학교 4학년부터 고등학교 3학년 학생 321만 명 중 학교폭력 피해를 입었다고 답한 학생은 1.7%로 5만 명을 넘었고, 학교폭력 유형은 언어폭력이 41.8%로 가장 많았어. 그다음이 신체 폭력 14.6%, 집단 따돌림 13.3% 순이었지. 언어폭력은 주로

SNS에서 단체 대화방에 피해자를 초대해 폭언을 일삼는 '떼카'를 하거나 일부러 피해자만 남기고 모두 대화방을 퇴장해 왕따를 시키는 '방폭', 감옥처럼 대화방을 나가지 못하게 지속적으로 초대하는 '메신저 감옥' 등의 방식으로 이루어져.

이러한 언어폭력은 모르는 사람이 아니라 친구나 선후배 등 **일면식**이 있는 사이에서 벌어지기 때문에 그 충격이 더 크고 상처가 오래 남아.

✦ **일면식** 서로 한 번 만나 인사나 나눈 정도로 조금 앎

"그냥 친구들끼리 장난친 건데요?"

가볍게 말하는 아이들이 가끔 있더라. 그러나 '학교폭력 예방 및 대책에 관한 법률'에 의하면 '사이버 따돌림'도 학교폭력으로 규정하고 있어.

> '사이버 따돌림'이란 인터넷, 휴대전화 등 정보통신기기를 이용하여 학생들이 특정 학생들을 대상으로 지속적, 반복적으로 심리적 공격을 가하거나, 특정 학생과 관련된 개인정보 또는 허위사실을 유포하여 상대방이 고통을 느끼도록 하는 모든 행위를 말한다.
> -학교폭력 예방 및 대책에 관한 법률 제2조 1의 3

예능에 출연했다가 학폭 가해자로 제보당해 하차한 어느 출연자는 학교폭력 사안을 일축하는 발언을 했어.

"욕설을 하고 상처 주는 말을 했던 부끄러운 기억은 있지만 금품을 빼앗거나 신체적 폭력을 행사한 사실이 전혀 없다."

예전에는 신체에 해를 입히는 것만이 학교폭력이라고 생각했지만, 이런 핑계는 이제 통하지 않아. 지금은 눈에 보이지 않는 정신적인 고통을 수반하는 행위 자체도 학교폭력에 해당한다고 정의하기 때문이야. 우리가 SNS를 통해 언어폭력을 하거나 모욕적인 게시물을 작성하면 상대방은 정신적 고통을 느낄 수 있어.

사이버 언어폭력은 사실상 24시간 폭력이 지속된다고 볼 수 있어. 일회성에 그치지 않고 피해자에게 오랜 시간 더 자주 깊은 정신적 충격과 마음의 상처를 줄 수 있지. 피해를 입은 학생은 우울, 불안에 시달리다가 자살을 시도하기도 하는 등 일상생활이 어려울 정도의 트라우마로 큰 고통을 받아. 그저 심심해서, 친구들이 하길래 같이 장난으로 따라 했다고 하기에는 피해자가 호소하는 고통이 너무 크다는 거 잊지 말아야겠지!

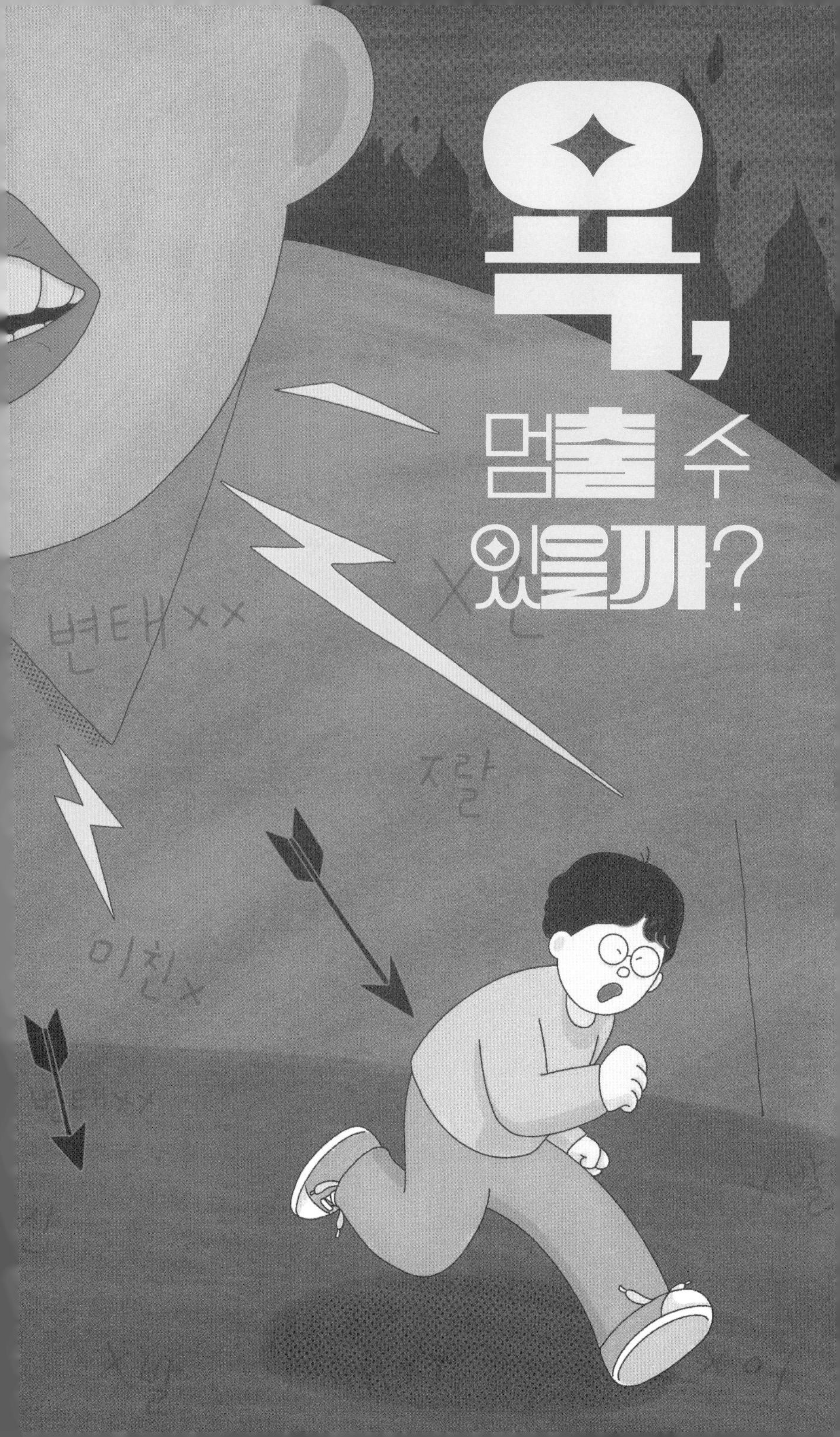
욕,
멈출 수
있을까?
변태××
지랄

'학습도구어'라는 용어를 들어본 적 있어? 아마 문해력과 관련해서 한 번쯤은 들어본 말일 거야. 학습도구어는 교과서와 같이 학술적인 내용을 다루는 책에 등장하는 단어를 뜻해. 교과서를 읽고 공부하기 위해서는 꼭 알아야 할 단어들이지. 모르면 교과서에 있는 내용을 이해할 수 없기 때문에 학업 성취도를 향상시키기 위해서 반드시 알아야 해.

이와 비슷하게 우리의 언어생활을 좀 더 풍요롭게 만들고 감정을 그대로 표현하면서 비속어나 신조어에 매몰되지 않으려면 필요한 것이 바로 '감정도구어'야. 감정도구어가 뭐냐고? 쉽게 설명해서 자신의 감정을 표현해 줄 어휘들을 말하는 거

야. 너희들 그런 경험 있지 않아? 누군가에게 자신이 경험한 일을 이야기하려는데 말이 탁 막히거나 자신의 감정을 표현해 줄 말을 찾지 못해서 마치 만능어 같은 비속어들로 대화를 이어간 적!

전혀 다른 상황인데도 같은 표현을 반복한 경우를 일상에서 쉽게 경험했을 거야. 입에 밴 표현이기도 하지만 실은 기분이나 상황을 표현해 줄 마땅한 말이 전혀 생각나지 않았기 때문일 수도 있어. 그렇기 때문에 우리의 감정을 표현해 줄 수 있는 다양한 단어들을 익히고 말하고 연습하는 노력이 필요한 거야. 의식적으로 다양한 어휘를 접하다 보면 글을 쓰거나 발표할 때에도 큰 도움이 될 수 있어. 물론 친구들 사이에서 원활하게 의사소통하는 데 가장 큰 도움이 되겠지?

놀이공원에서 무서운 놀이 기구를 타고 나와서는 이렇게 말하면 좋을 거야.

"와, 너무 짜릿해!"

등교하는데 날씨가 너무 좋다면 이렇게 말해 보는 거지.

"와, 오늘 햇살이 따사롭고 바람이 시원해서 기분 좋다."

대표적인 감정도구어

행복 》》 벅차다, 후련하다, 아늑하다, 상쾌하다, 짜릿하다, 흥분되다,
황홀하다, 상큼하다, 온화하다, 호의적이다

슬픔 》》 서운하다, 처량하다, 참담하다, 허탈하다, 북받치다, 우울하다,
암담하다, 공허하다, 애통하다, 비통하다

미움 》》 얄밉다, 괘씸하다, 언짢다, 불쾌하다, 못마땅하다, 떨떠름하다,
씁쓸하다, 짜증스럽다, 가증스럽다

불안 》》 무기력하다, 조마조마하다, 살벌하다, 억울하다, 섬뜩하다,
막막하다, 초조하다, 전전긍긍하다, 걱정스럽다

부끄러움 》》 수줍다, 어색하다, 서투르다, 민망하다, 창피하다, 자책하다,
겸연쩍다, 수치스럽다

감정도구어 적용

성적표를 들고 집에 왔는데, 오빠가 먼저 혼나고 있다면
　　》》 분위기 너무 살벌한데!
드라마 주인공에게 닥친 시련을 보면
　　》》 너무 애처롭다! 나라면 비참하고 암담할 것 같아.

뫼비우스의 띠처럼
감정도구어 엮기

감정도구어는 전혀 의미를 모른다거나 어려운 단어들이 아닌데도 입에서 잘 나오지 않아. 익숙하지 않거든. 구어체가 아닌 문어체 느낌이기도 해서 어색할 수도 있어. 하지만 이런 어휘들을 마음속에 잘 담아두면 감정을 표현할 단어들을 찾지 못해 욕으로 대체하는 일은 없을 거야. '헐'이나 '대박'과 같은 만능 대체어를 사용하는 일도 없겠지. 그럼 이런 단어들을 어떻게 익힐 수 있을까?

감정도구어를 익히는 가장 좋은 방법은 사전을 찾아보는 거야. 아날로그 방식 같아서 촌스럽고 귀찮다는 생각이 들지? 맞아, 조금 귀찮은 건 인정해. 하지만 그동안 무언가를 말할 때 머릿속이 하얗고 아무 생각이 나지 않았던 경험이 있다면 사전에서 어휘를 직접 찾는 것만큼 머릿속에 다양한 어휘를 꽉꽉 채우는 데 도움이 되는 방법은 없다고 생각해. 어떻게 하는 거냐고? 라떼는 말이야 모름지기 공부하는 학생이 있는 집이라면《표준국어대사전》이 집에 한 권씩 있었어. 지금은 아마도 그런 집은 찾기 어려울 거야. 하지만 걱정하지 마. 인터넷으로도 쉽게 검색해 볼 수 있으니까.

　그럼 온라인 상에서 감정과 관련된 어휘를 어떻게 찾을 수 있는지 살펴볼까? 예를 들어, '부끄러움'과 관련된 감정도구어를 알아보고 싶다면 먼저 사전에서 검색해 보는 거야. 그러면 단어의 뜻뿐 아니라 유의어나 반의어, 예문에서의 활용 문장들을 한눈에 살펴볼 수 있지. 유의어를 통해 비슷한 어휘를 확인할 수 있어서 다양한 감정도구어를 배울 수 있어. 뫼비우스의 띠처럼 꼬리에 꼬리를 물고 자연스럽게 감정도구어를 익히는 게 가능해지지. 사전을 직접 찾아보는 활동은 문해력을 쌓는데 8할이라 볼 수 있는 어휘력에 도움을 주기 때문에 적극 추천해. 또한 감정도구어를 배울 때에도 마찬가지로 큰 도움을 받을 수 있으니까 자주 활용하면서 몸과 마음에 단어들을 익혀나가면 좋겠어.

감정도구어가
가득 담긴 시

요즘은 스마트폰 문화가 발달되어 있다 보니 침착하게 자리에 앉아서 무언가를 읽고 쓰는 시간이 상대적으로 많이 부족해졌

어. 특히 감정을 공감하는 글은 읽어본 기억이 언제인지 가물가물할 거야. 그런데 너희가 모르는 사이에 감정도구어들을 자주 만나보고 있다는 거 아니? 바로 모의고사나 수능의 필적 확인 문구들이지.

온 세상이 너를 닮은 꽃빛으로 반짝일 때
-한섬, 〈꽃빛이 쏟아지던 밤에〉▶

2023년 3월 전국학력평가모의고사에서 나온 필적 확인 문구야. 학생들에게 문제지를 나눠주고 나서 남은 시험지의 맨 앞장을 보는데 괜히 마음이 뭉클하고 가슴이 찡하고 울컥하더라. 너무 따뜻해서.

필적 확인은 2004년에 치른 2005년 수능에서 대규모 부정행위가 발생하자, 2005년 6월 모의평가 때부터 수험생 본인 여부를 확인하기 위해 실시되었어. 이 문구들은 필적 확인에 필요한 기술적 요소가 담긴 문장 중 수험생에게 용기와 힘을 줄 수 있는 문장을 선택하는데, 대부분 '시'에서 발췌해.

이 많은 별빛이 내린 언덕 위에
-윤동주, 〈별 헤는 밤〉, 2009학년도 수능

맑은 강물처럼 조용하고 은근하며

-유안진, 〈지란지교를 꿈꾸며〉▶, 2010학년도 수능

맑은 햇빛으로 반짝반짝 물들이며

-정한모, 〈가을에〉▶, 2013학년도 수능

흙에서 자란 내 마음 파아란 하늘빛

-정지용, 〈향수〉, 2017학년도 수능

큰 바다 넓은 하늘을 우리는 가졌노라

-김영랑, 〈바다로 가자〉, 2018학년도 수능

나의 꿈은 맑은 바람이 되어서

-한용운, 〈나의 꿈〉, 2023학년도 수능

시를 읽으면 어떤 기분이 들어? 손발이 오그라들고 적응이 안 된다고? 처음에는 그런 느낌이 들 수도 있어. 그런데 계속 읽다 보면 읽는 것만으로도 마음이 따뜻해지고 순수해지는 느낌

이 들고 마음에 안정감을 느끼게 돼. 게다가 아름답고 예쁜 말들을 습관적으로 읽고 듣게 되면 우리가 평소 사용하는 말들에 어색한 감정을 가질 수 있게 되지. 또 '좋다'는 감정을 '만족하다, 기쁘다, 행복하다, 사랑스럽다, 벅차다'와 같이 다양한 감정으로 표현하는 시어들을 통해 아름다운 어휘들을 그대로 배울 수 있어. 그로 인해 좋은 감정을 전달받아 서로에 대한 이해, 존중, 사랑의 감정을 배울 수 있는 거야. 한마디로 시를 읽는 것만으로도 나쁜 말들을 경계하고 새로운 예쁜 말들을 배울 수 있는 기회를 가질 수 있지.

욕은 충동적이고 무계획적으로 나와. 억울하고 답답하고 불쾌하고 불편한 상황에서 논리적으로 자기 의견을 말하지 않고 '미친'이나 '개-', '존나'와 같은 식으로 감정을 대체하는 거야. 그러니까 우리가 가지고 있는 언어들로 풍부한 감정들을 모두 담아낼 수 있다면, 무심결에라도 우리가 어떤 말을 할지 '선택'할 수 있으리라고 생각해.

나쁜 생각은 나쁜 말을 불러오고 좋은 생각은 좋은 말을 불러온다고들 하지. 마찬가지로 나쁜 말은 나쁜 생각을 불러오고 좋은 말은 좋은 생각을 불러와. 일상에서 '짜증', '미친', '존나'와 같은 말을 반복하면 결국 기분이 나빠질 거야. 반대로 감정도구어를 꼭꼭 담아두면서 평소에 아름답고 좋은 말을 내뱉는다면?

즐겁고 행복하고 긍정적인 생각을 많이 하게 될 거야. 아름다운 언어를 사용하면 우리 내면까지도 긍정적이고 적극적으로 바뀔 수 있거든. 다른 사람을 깎아내리고 상처 주는 말들보다 위로해 주고 칭찬해 주고 이해해 주고 배려해 주는 마음의 언어들을 배우면서 따뜻한 마음을 간직하고, 긍정적인 언어문화를 형성해 간다면 긍정적인 사고의 전환까지도 불러일으킬 수 있어. 그러니까 오늘부터라도 감정도구어를 하나씩 차곡차곡 마음속에 모아보자!

참신한 대체어

학생들과 비속어 수업 중에 비속어의 어원에 대해 이야기 나누고
마무리를 지을 때 꼭 물어보는 질문이 있어. 바로 대체어에 대한 의견이지.
대체어에 대해 고민하는 과정이 필요하다고 생각한 이유는 학생들의 입에
달라붙어 고치기 어려운 비속어들 때문이었어. 쉽게 고칠 수 없다면 대신
쓸 수 있는 말을 찾아보는 것도 좋은 방법일 테니까.
수업 시간에 '좆같다'는 말을 많이 들었어. 날씨가 좆같다, 기분이 좆같다
등 어디에나 붙여 쓸 수 있는 만능 비속어 같더라. 하지만 너희들이 앞에서
어원을 확인했다시피 입에 담기엔 좀 격이 떨어지는 저급한 단어잖아.
그래서 학생들에게 '좆같다' 대신 '주옥珠玉같다'를 쓰는 건 어떻겠냐고
제안했어. '주옥같다'는 구슬과 옥처럼 매우 아름답고 귀하다는 뜻이야.
겉으로 드러나는 의미가 극단적이지 않으니까 감정이 순화되기도 하고
평소에 사용하던 비속어 대신 사용하다 보면 비속어를 말하는 빈도수가
자연스럽게 줄어들게 되겠지. 그랬더니 이번에는 학생들이 이렇게
제안하는 거야.

"선생님, 좆같다 대신 '꽃 같다'로 바꾸어 말하는 건 어떨까요?"

비슷한 발음에 같은 음절을 가진 단어로 바꿔본 거지. '좆'대신 '꽃'이라니! 이런 상반된 의미의 단어가 과연 대체어로 알맞을까? 하지만 걱정은 기우였어.

"이번 시험 점수 꽃 같네."
"오늘 기분 정말 꽃 같아!"

학생들은 생각보다 새로운 대체어에 빠르게 적응했거든. 친구들과 머리를 맞대고 우리가 평소에 쓰는 비속어의 대체어를 한번 고민해 봐. 말의 의미도 정확히 알 수 있을 뿐만 아니라 대체어를 고민하고 서로의 앞에서 이야기하는 가운데에서 비속어를 사용하지 말고 좋은 말을 사용하자는 '공약'도 해 볼 수 있지 않을까.

비속어를 대체어로 바꾼 예시

비속어	비속어가 가진 의미	대체어
개새끼	의미 없는 호칭	백구
닥쳐	조용히 해	다물
존나	아주, 너무, 매우	겁나
땡깡	억지를 부리다	생떼

비속어를 대체어로 바꾸기

비속어	비속어가 가진 의미	대체어
씨발	이런 못마땅한	
엠창	내(네) 엄마는 창녀	
쩔다	(긍정) 대단하다, (부정) 짜증 나다	
또라이	특이한 (사람)	
쪽팔려	창피해	
지랄	이상한 소리하네	
쪼개다	웃다	
지리다	대단하다	
빡치다	화나다	
꺼져	가줄래	

선플만 한 게 없다

식물과 관련된 어느 온라인 커뮤니티에 글이 하나 올라왔어. 글을 올린 사람은 안 쓰던 화분에 새싹이 나는 것을 보고 물도 주고 햇빛이 나는 곳에 잘 두면서 애지중지 키웠대. 처음엔 크는 게 눈에 보일 정도로 잎도 바짝 세워져 있고 꽃도 피었는데 어느 순간부터 잎이 축 처지기 시작했대. 식물의 종류를 알면 물은 어떻게 줘야 하는지, 관리는 어떻게 해야 하는지 알 수 있을 것 같아서 물어보기 위해 올린 글이었지.

"설마 그냥 잡초일 뿐인가요?"

실망스러워 묻는 글에 이런 댓글이 달렸어.

"기르기 시작한 이상 잡초가 아닙니다."

이 글은 선플 성지로 등극했고 이후 도덕 교과서 선플의 예시로도 실렸어. 드라마에서 대사로 인용될 정도였지. 마음먹고 정성을 들여 기르고 있다면 더 이상 잡초가 아니고 다른 이들이 어떻게 본들 자신에게는 가장 소중한 존재라는 것을 알려주는 깊은 울림을 주는 댓글이었지. 말에는 우리가 생각지도 못하는 강력한 힘이 있어. 고통을 주고 상처 줄 수도 있는 반면 선한 동기를 주고 행동을 변하게 해. 우리가 사용하는 말에 대해 자신의 모습을 돌아봐야 하는 가장 큰 이유지.

생각과 행동을 바꾸는 선플 달기

청소년은 학업 스트레스나 진로에 대한 고민으로 감정들이 조금씩 고장나면서 충동적이고 공격적인 행동을 보이기도 해. 대표적인 것이 바로 악플을 다는 행동이야. 그런데 앞에서 말했지? 자신이 사용하는 언어가 감정도 지배하게 된다고. 결국 악플에 많이 노출되어 있다면 우리의 마음 또한 나쁜 상황이나 감정에 익숙해지게 된다는 이야기야. 의식하지 못한 사이에 충동적으로 점령당한 나쁜 언어 습관들을 어떻게 하면 좋을까? 의식적으로 좋은 말을 많이 하면 되겠지. 괜히 쑥스럽고 낯간지럽다고? 앞에서 다양하게 습득한 감정도구어와 스스로 바꿔본 대체어들을 맘껏 자연스럽게 할 수 있는 방법을 알려줄게. 바로 선플 달기야.

선플은 '선善'과 영어의 'reply'가 합쳐진 말로 선의적인 댓글을 의미해. 악플로 인해 고통받는 사람들에게 용기와 희망을 주기 위해서 댓글을 달거나, SNS에서 좀 더 서로를 응원하고 격려하는 마음을 갖기 위해서 선플을 달지. 그뿐 아니라 사과하고 싶거나 용서하고 싶거나 화해하고 싶은 사람들에게도 선한 말과 글을 전할 수 있어. '잡초'와 관련된 선플이 사람들에게 감동을 주었던 것은 한 마디의 말이 위로가 되었기 때문이야. 비단 잡초만이 아니라 '누군가의 정성과 관심을 받고 있다면 너는 하찮은 존재가 아니다'라는 메시지를 전달해 주니까. 선플은 생명을 소중하게 생각하는 생명운동인 동시에 아름다운 언어 사용을 통해 생각과 행동을 바꾸는 운동이기도 해.

선플 밭에서
악플 찾기 힘들다

이런 선플은 나비효과를 일으켜 사람들에게 좋은 언어의 영향을 미칠 뿐 아니라 밴드왜건 효과까지도 일으켜. 밴드왜건 효과 bandwagon effect는 아직 마음을 정하지 못한 사람이 자신의 의사 결정을 다수의 의견 쪽으로 맞추는 현상을 의미해. 선플을 보다 보면 자신의 마음도 선플 쪽으로 기우는 건 바로 이러한 영향 때문일 거야. 지금으로 치면 일타강사였던 어느 교수님이 예능 프로그램에 선플 운동가로 나와 해주신 이야기가 있어. 어떤 할머니가 대학교 앞에서 노점상을 하면서 돈을 모아 대학에 기부했대. 그런데 댓글에 악플들이 막 올라오기 시작한 거야.

"돈 엄청나게 벌었네."
"국세청 조사 받아야 되겠네."

그러다가 선플이 올라오기 시작했대.

"정말 위대한 일을 하신 거다. 악플 달지 말자."

다시 선플을 다는 분위기가 지배적으로 바뀌자 악플이 내려가고 선플만 남게 되었다고 해.

2022 카타르 월드컵에서 한국 대표팀이 1무 1패로 조별 리그 탈락 위기에 몰리자 대표팀 주장을 둘러싸고 악플이 쏟아졌어. 처음에는 부정적인 댓글이 달리다가 악플로 이어진 거야. 그러자 대표팀 주장을 보호하고 응원하려는 댓글들이 쏟아지기 시작했고 분위기가 달라졌지. 가나전이 끝나고 약 12시간이 지나자 선플로 도배되었거든. 선플을 접한 사람들이 댓글에 나타난 감정에 일치되어 선플을 더 많이 작성했기 때문이야. 직접적으로 서로 얼굴을 보지 않아도 글을 읽는 것만으로도 감정 전염이 일어난 셈이지.

선플이 많아지면 악플러들이 설 자리가 없어져. 키보드 워리어처럼 무척 공격적이었다가도 선플이 가득한 공간을 보면 '어, 여기 내가 있을 자리가 아닌가?'라고 생각하면서 백스페이스를 누르게 되지. 악플 밭에서 선플 찾기 힘들고 선플 밭에서 악플 찾기가 힘든 이유야. 다수의 힘이 어떤 영향을 미치는지 그대로 보여주는 예지.

└, 아프면 뛰지 마라.

   └, 3차전에는 나오지 마라.

   └, 워스트급 활약, 왜 우냐.

└, 대표팀에서 나가라.

   └, 월클월클 할 때는 언제고 부상에도 뛰어준 선수에게 어떻게 이런 심한 말을….

└, 안와골절 3주 만에 경기 뛰는 게 기적

   └, 응원하는 사람이 훨씬 많아요.

   └, 마스크 끼고 뛰느라 본인이 제일 답답했을 텐데 진짜 고생했다.

   └, 잘 싸웠다. 대표팀 주장인 것만으로도 너무 고맙다.

└, 최선을 다하는 선수들한테 함부로 글 쓰지 말자.

선플, 그거 어떻게 하는 건데?

학생들과 비속어 수업을 시작한 이유는 단순히 욕의 의미를 가르쳐주려는 것만은 아니었어.

"비속어 나쁜 거야! 사용하면 안 돼!"

아무리 말해 봤자 소용이 없으니까. 그래서 의미를 알면 너무 심하게 말하지 않을지도 모른다는 마음에서 비속어의 어원을 가르치기 시작했지. 그런데 생각보다 반응이 좋았어. 정말 나쁘다는 걸 눈으로 보고 몸으로 느끼면서 행동의 변화가 조금씩 나타나기 시작했지. 악플도 마찬가지라고 생각해. 너희들에게 악플은 누군가에게 상처를 주면서 영혼을 파괴하고 생명을 앗아갈 수도 있다고 백번을 말한들 행동이 변할까? 그냥 어른들이 하는 잔소리처럼만 느껴질 거야. 직접 경험해 봐야 악플이 얼마나 무서운 건지, 선플이 보는 사람으로 하여금 얼마나 좋은 느낌을 주는지 정확하게 알 수 있지. 그러니까 '선플 그거 좋은 거야!'라고 막연하게 생각하지 말고 꼭 직접 경험해 봐야 한다고 생각해.

선플달기운동본부(https://www.sunfull.or.kr/)에 들어가면 선플 운동과 관련된 다양한 정보를 접할 수 있어. 주제별로 선플을 달 수 있는 링크가 연결되어 있기도 하고, '금주의 선플 주제'처럼 이슈가 되고 있는 사건이나 일상적인 일과 관련해서 선플을 달 수 있도록 안내해 주고 있지.

금주의 선플 주제

- 〈유퀴즈〉 '국민영어선생님, 선플 운동에 앞장서다' 편을 구독하시고 응원의 선플을 달아주세요.
- 튀르키예 지진 피해자들을 위한 추모와 위로의 선플을 달아주세요.
- 악플 바이러스 막는 선플 백신 영어 영상에 응원 선플을 달아주세요.
- 오늘 생일인 카톡 친구에게 색다른 생일 축하 선플 문자를 보내주세요.

'튀르키예 지진 피해자들을 위한 추모와 위로의 선플을 달아주세요'를 클릭해 보았어. 기사가 바로 연결되어 있어서 사회 이슈와 관련된 헤드라인도 선플을 달면서 확인해 볼 수 있고, 평소 관심을 갖지 않았던 부분에 대한 기사도 읽어볼 수 있는 데다가 선플을 쓰면서 자신의 생각을 정리할 수도 있었지. 1석 3조더라고! 게다가 선플 달기는 건전한 사이버 문화 조성을 위한 활동이기 때문에 봉사 시간으로 인정된다고 해. 초등학생은 40자, 중학생은 50자, 고등학생은 60자 이상으로 선플을 작성하면 20건당 일주일에 최대 1시간까지, 연간 최대 12시간까지 인정해 준대. 방구석 봉사 활동까지 가능한 셈이지.

'오늘 생일인 카톡 친구에게 색다른 생일 축하 선플 문자 보내기'는 쉬울 것 같지만 막상 써보려고 하면 어떤 말을 해야 할지 고민이 될 거야. 평소에 누군가를 칭찬하거나 격려하고 고마움을 표하거나 축하하는 말을 해 보지 않았기 때문이지. 아마 정화된 언어의 메시지를 받은 친구는 오그라든다며 '미친놈이 약 먹었냐?'라며 반응할지도 몰라. 하지만 이렇게 칭찬이나 축하, 위로와 응원 등의 메시지를 보내는 연습을 의식적으로 하게 되면 평소에 거친 언어로 이야기했던 친구들과 좀 더 좋은 언어로 관계를 돈독하게 만들 수 있을 거야. 그러면서 주변에 있는 사람들과의 소통을 통해 언어와 감정을 순화시킬 수 있겠지.

게다가 선플로 기부까지 할 수 있어. 선플 게시판에 선플을 한 개씩 달 때마다 10원씩 적립되어 불우청소년을 위한 장학기금으로 적립되거든. 좋은 댓글을 달면서 세상을 환하게 하는 일까지 참여할 수 있다니 너무 멋진 일 같지 않니?

2011년 선플 달기에 참여한 학생 1081명을 대상으로 설문 조사해 보니 선플 달기에 참여할수록 비속어 사용이 감소하고 논술 능력 향상에 큰 도움이 되었다는 결과가 나왔어. 좋은 말을 사용해야 하니까 비속어를 경계하면서 대체어나 감정도구어와 같은 단어들을 많이 활용하려고 노력한 거야. 그러다 보니 어휘력도 올라갔겠지. 또한 선플누리단 활동에 참여했던 학생들 중 선플 활동을 하기 전에 인터넷에 악플을 달아본 적이 있는 학생이 25.2%였는데, 선플 활동을 한 후 악플을 쓰는 학생은 3.1%로 크게 감소했어.▶ 선플 활동이 건전한 언어 습관 형성에 도움이 된다는 것을 알 수 있지.

"선생님, 저 고등학교 입시 준비할 때 자기소개서도 봐주시고 신경 써주셔서 감사해요. 언제 한번 찾아 뵙고 인사드리겠습니다."

"지진이라는 큰 악재를 굳은 마음으로 이겨내시길 바랍니다. 희망을 잃지 마세요. 이 상황이 지나가면 좋은 날이 꼭 올 거예요. 앞으로 이런 끔찍한 일이 일어나지 않길 바라면서 피해자분들을 애도합니다."

"그 누구도 타인에게 근거 없는 악플로 상처를 주어서는 안 됩니다. 당사자에게는 큰 상처이고 죽음까지 이르게 할

수 있습니다. 삼가 고인의 명복을 빕니다."▶

선플로 다는 게 아주 사소한 말이라고 할지라도 평소에 하던 말이 아니라서 괜히 어색하고 낯간지럽고 어려울 수도 있어.

"네가 언제부터 바른 말을 썼다고?"

친구들이 놀릴지도 몰라. 하지만 선플은 뭔가 대단하고 거창한 글을 쓰라는 것이 아니라 마음에서 우러나온 진심을 상대방에게 전하라는 의미인 것 같아. 평소에 전하지 못했던 진심을 비속어나 혐오의 단어가 아닌 예쁜 말들로 포장해서 건네면 돼. 그 안에서 긍정적인 에너지를 얻을 수 있을 거야. 그렇게 우리가 마음속으로만 생각했던 것들을 하나씩 행동으로 실천하다 보면 선플이 가득한 사회가 되지 않을까?

모두의
자존감을 높여주는
말 한마디

자아존중감, 즉 자존감은 온전히 자신에게 집중하며 있는 그대로의 자신을 존중하고 사랑하고 현재 상황에 대해 자부심을 느끼는 태도를 말해. 아마 주변에서 자존감이 중요하다는 말을 많이 들었을 거야. 왜 다들 이렇게 이야기하는 걸까? 바로 자존감은 우리의 말과 행동뿐 아니라 판단과 선택, 그리고 감정 등 모든 것에 영향을 미치기 때문이야.

'학급 중심 언어문화 개선 프로그램이 초등학생의 언어폭력성과 자아존중감에 미치는 영향'이라는 연구에서 언어폭력성과 자아존중감의 연관성을 알아보았어. 한 그룹에게는 주 2회 40분씩 13회가량 언어문화 프로그램을 실시했고, 나머지 그룹에게는 아무런 조치도 하지 않았지. 결과가 어떻게 나왔을까? 프로그램을 시행한 학생들의 언어폭력성은 감소하고 자아존중감이 향상되었지. 언어폭력을 개선하면 자아존중감이 올라갈 수 있고, 비속어 사용과 자아존중감은 직접적으로 연관성이 있음을 알 수 있는 결과야.

그런데 굳이 이런 연구 결과가 아니더라도 가까이에서 비속어와 자존감의 상관관계를 어느 정도 느낄 수 있지 않아? 친구들에게 입에 담지 못할 욕설을 하거나 단톡방에서 언어폭력을 일삼는 아이들, 선생님이나 부모님께 비속어를 쓰는 것을 자랑스럽게 여기는 아이들이 어때 보여? '와, 완전 멋져! 친하게 지내고 싶다!'라는 생각보다는 '쟤 어떻게 저런 말을 막 하지? 쟤 왜 저래? 너무 막 나가는 거 아닌가?'라고 속으로 생각하게 되잖아. 전혀 자존감이 높아 보이지 않지. 왜냐하면 자아존중감이 높은 사람들은 자기 자신에 대해 긍정적인 마음을 가지고 있고, 자신의 삶을 가치 있고 보람 있게 영위하려 노력하기 때문에 친구들 앞에서 욕쟁이처럼 말을 하거나 폭력적인 모습을 보이지는 않을 테니까. 반대로 만약에 내가 요즘 분노를 자주 느끼고 쉽게 짜증을 내고 상대방에게 더 높은 공격성을 표현하고 있다면 자신을 진심으로 사랑하고 있는지, 신뢰하고 있는지, 자신의 자아존중감이 어떤 상태인지, 어떻게 하면 자아존중감을 높일 수 있는지 확인해 봐야 해.

'나 대화법'으로 말하기

나를 가장 잘 알고 사랑할 수 있는 사람은 누구일까? 부모님? 친구? 선생님? 아니, 바로 나 자신이야. 그렇기 때문에 그대로 의 나를 존중하기 위해서는 나의 감정을 정확하게 확인해야 해. 내가 어떤 생각을 하고 있는지, 지금 어떤 기분인지, 어떤 말을 하고 싶은지 등등. 내가 나를 모르는데 다른 사람이 내 마음을 어떻게 알겠어? 그런데 간혹 욕이 자신의 감정을 솔직하게 전 달해 준다고 믿으며 습관적으로 자신의 마음을 욕으로 대신 표 현하는 친구들이 있어. 평소에 친구들에게 욕하던 상황을 잘 떠 올려 봐. 정말 그 상황이 자신의 감정을 표현한 게 맞을까?

"야! 점심시간 다 끝나가는데 지금 오면 어떡해? 씨발, 누 군 놀고 싶지 않냐고!"

이런 말은 자신의 감정을 고스란히 드러내기보다는 상대방 의 잘못을 드러내고 공격하는 데 초점이 가 있어. 화가 난 근본

적인 이유보다 다른 사람을 비난하는 데 포커스가 맞춰진 말이
지. 누구든 상대방이 저렇게 말을 건넨다면 미안한 마음이 들다
가도 저격당한 것 같아 민망한 마음에 되레 화를 내며 좋은 소
리로 반응하지 않을 거야.

"조금 늦은 것 가지고 존나 지랄이네."

결국 계속 같은 수준의 대화가 핑퐁처럼 맴돌겠지. 그렇다면
이렇게 말해 보면 어떨까?

"점심시간에 네가 오지 않아 혼자 청소해서 짜증이 났어.
네가 나를 무시한다는 생각이 들어 화가 났지. 다음부턴
늦지 않겠다고 약속해 줄래?"

자신이 왜 화가 났는지, 어떤 행동으로 인해서 느낀 감정인
지, 그리고 어떤 행동의 변화를 원하는지 조목조목 이야기하는
거야. 이렇게 자신의 감정을 그대로 말하면 왜 화가 났는지 상대
방이 납득할 수 있고 무척 미안한 마음이 들 거야. 상대방은 스
스로를 되돌아보고 다음부터는 꼭 약속을 지켜야겠다고 다짐했
을 수도 있어. 그리고 너도 이렇게 말하다 보면 화가 난 감정을

조금 더 누그러뜨릴 수 있지. 이런 말을 하다 보면 비속어 사용을 자연스럽게 지양할 수도 있어. 왜냐하면 이런 대화와 비속어는 안 어울리니까. 이러한 대화법을 '나 대화법'이라고 해. 나를 중심에 두고 나의 감정을 전달하다 보면 나 스스로의 감정에 솔직해질 수 있고 언어에 대한 선을 지키면서 서로에 대한 이해를 높일 수 있지. 충동적으로 욕하는 상황들을 막을 수 있어.

학생들에게 '나 대화법'의 예시를 보여줬더니 다들 저건 AI가 아니냐며 엄청 웃더라! 맞아, 그리고 보니 AI는 우리처럼 욕하지는 않는 것 같아. 어느 영상에서 AI에게 욕을 섞어서 오늘 며칠이냐고 묻자 뭐라고 답했는지 아니?

"워워, 우리 진정하고 고운 말로 이야기해 봐요."

상대방을 비난하고 질책하는 대화법	나의 감정을 솔직하게 표현하는 대화법
야! 너 지금 존나 시끄러운 거 아냐? 전화를 받을 수가 없잖아. 좀 닥쳐 봐.	나 지금 통화 중인데 목소리가 잘 안 들려서 너무 힘들어. 조용히 좀 해줄 수 있을까?
야! 너 왜 그런 식으로 말해서 사람 쪽팔리게 만들어?	나는 네가 친구들 앞에서 그렇게 말해서 좀 많이 창피했어. 다음부터는 나에게 따로 이야기해 줬으면 좋겠어.

AI처럼 느껴지는 아주 어색한 대화법 같지만 이런 대화법은 반드시 필요해. 흥분해서 충동적으로 말이 나오는 상황을 진정시킬 수 있으니까. 물론 많은 사람들은 자신의 감정에 가면을 쓰고 살아가기 때문에 이렇게 '나 대화법'으로 감정의 민낯을 보이는 게 좀 부끄럽다고 느낄 수 있어. 하지만 위의 대화를 보면서 나의 감정을 솔직하게 말한다는 것의 의미를 잘 헤아려 보았으면 해. 그래야 그 안에서 네 감정을 조절하고 위로도 받을 수 있으니까.

상대방의
자아존중감까지 UP!

《칭찬은 고래도 춤추게 한다》는 책이 20여 년 전 엄청난 인기를 끌며 칭찬 열풍을 불러일으켰어. 몸무게 3톤이 넘는 범고래가 관중들 앞에서 멋진 쇼를 펼칠 수 있었던 것은 고래에 대한 조련사의 긍정적인 태도와 칭찬 덕분이었지. 저자는 칭찬으로 긍정적인 변화를 만드는 '고래 반응'을 배우라고 제안했지. '칭찬', 즉 상대방에게 들려주는 좋은 말들은 상대방을 가치 있는 사람으로 만들어 줘.

초등학교 2학년 때까지 나는 의기소침하고 부끄러움이 많았어. 그래서 항상 발표할 때면 '나를 시키면 어떡하지?' 걱정하면서 선생님과 눈을 마주치지 않으려고 애썼지. 하루는 선생님이 나를 부르시더니 처음에는 어려울 수 있지만 함께 도전해 보자며 격려해 주셨어.

"넌 너의 생각을 잘 말할 수 있는 아이야!"

이 말을 듣고 나니까 어린 마음에도 '나는 무엇이든 할 수 있는 가치 있는 사람이구나!'라는 생각이 들더라. 누군가의 따뜻한 말이 나에게 힘이 되었던 거지. 다음 날 수업 시간에 선생님이 질문하는 동시에 선생님과 눈이 마주쳤는데 믿음과 신뢰의 기운이 나에게 전달되는 거야. 나도 모르게 손이 번쩍 올라갔어. 하지만 마음가짐과는 다르게 목소리는 기어들어 가고 자신감도 없었지. 처음이었으니 당연히 그럴 수밖에! 그런데 선생님께서 폭풍 칭찬을 해주시는 거야.

"처음으로 용기 있게 발표해 준 친구에게 박수 쳐줄까?"

만약 누군가가 '야, 쟤 목소리 왜 저래? 개미야?'라고 무안을 주었거나 '저럴 거면서 무슨 발표를 한다고 손을 들고 난리야!' 라고 비난했다면 아마 다음부터는 발표 자체를 하지 않았겠지. 하지만 나를 배려하고 격려하는 말을 들으니까 용기를 내서 행동할 수 있었어. 그 이후로 내 인생은 180도 달라졌지. 나는 지금도 친구들이 인정하는 MBTI 파워 E거든.

친구에게 재미있는 말을 들은 적이 있어. 공부하기 싫다고 엄마한테 툴툴거리면 엄마가 친구에게 이렇게 이야기를 했대.

"넌 50억의 사나이가 될 거니까 조금만 더 해 보자!"

처음에는 '무슨 말이야?' 싶었는데 자신이 '그렇게 될 수 있는 사람일까?' 고민해 보게 되었다. 정말 자신의 노력이 헛되지 않을 것 같은 예감이 들어서 조금 더 긍정적으로 그 상황을 받아들이게 되었다는 거야. 그런데 만약 엄마가 '네 성적을 보면 그런 말이 나오니? 남들보다 더 공부를 해도 모자랄 판에! 그런 헛소리 말고 그 시간에 들어가서 공부나 해'라고 했다면 어땠을까? '내가 지금 공부할 시간도 부족한데 생각이 없었네. 얼른 들어가서 정신 차리고 공부해야지!'라고 생각하는 사람이 있을까? '난 남들보다 부족한 사람이구나. 지금 이런 말을 할 자격도 없구나'라며 자기 비하를 하게 될 거야.

자기 자신을 잘 알고 어떤 사람이 되고 싶은지 잘 아는 친구들도 분명 있겠지만, 너희들 대부분은 이제 막 꿈을 설정하고 자기 스스로를 설계해 나가는 과정 중에 있어. 누군가의 말을 통해 자신의 행동을 변화시킬 수 있지. 누군가에게 건넨 언어는 부정적이든 긍정적이든 상대방의 현실을 창조해 내는 분명한 힘이 있어. 가볍게 생각해서 그냥 친구들끼리 장난으로 한 말이라도 말에는 엄청난 힘이 있기에 친구의 인생을 바꿀 수도 있다는 거 잊지 마. 폭력적인 언어가 상대방의 마음에 상처를 주고 분노와 슬픔을 느끼게 하는 것처럼 격려하고 배려하며 말을 한다면 그 말이 누군가의 인생에서 동기가 될 수 있다는 것도.

메타인지를 통한
언어 습관 진단하기

비속어나 은어 등 청소년 언어에서 두드러지게 나타나는 문제점들은
그 시기에 겪는 격렬한 갈등과 함께 청소년만의 독특한 심리적, 사회적,
개인적 변인들이 복합적으로 작용하는 결과라고 할 수 있어. 따라서
청소년 언어 문제를 해결하기 위한 개선 방안은 청소년의 성장 단계,
문화적 특성들을 고려해야 실효성을 거둘 수 있고, 청소년 스스로가
개선을 위한 활동에 자발적으로 참여하고 주도할 때 가장 큰 효과를 거둘
수 있지.

언어 개선에 가장 중요한 것이 개선 의지야. 개선 의지를 갖기 위해서는
자신의 모습을 제대로 아는 것이 가장 중요해. 자신의 상태를 정확히
진단해야 어떻게 해결해 나갈지 제대로 된 해결 방안이 나올 테니까. 이런
것을 자기 객관화(메타인지)라고 하는데, 이렇게 자기 객관화를 할 수 있는
방법 중 하나가 바로 '언어생활 반성 수첩'을 작성하는 거야.

영어 단어장이나 오답노트 쓴 적 있지? 한 손에 쏙 들어가는 작은 수첩
형태라 가지고 다니기도 편하고 쉽게 들여다볼 수 있잖아. 언어생활
반성 수첩을 지속적으로 작성하면 많은 효과가 있어. 자신의 언어생활을

돌아보게 되고 객관적으로 판단할 수 있지. 이 노트를 쓴 어느 학생은 자신이 말하는 언어를 글자로 쓰려니 민망해서 초성으로만 쓰게 되더라고 말했어. 자기가 사용하는 언어에 대한 부끄러움을 누군가가 지적해 주지 않아도 스스로 느끼게 된 거야. 우리의 언어 습관을 스스로 진단하고 바꿔나갈 수 있는 계기가 되지 않을까? 오늘부터라도 언어생활 반성 수첩을 통해 스스로 언어 습관을 진단해 보고 자신을 객관적으로 바라볼 수 있는 시간을 만들면 좋을 것 같아. 나를 안다는 것은 언어 습관뿐 아니라 다른 학습적인 면에서도 무척 중요하다는 걸 잊지 말고 자아존중감을 높일 수 있는 하나의 방편으로 삼아보자고.

언어생활 반성 수첩

오늘 나의 일상을 돌아보며 작성해 보자.
나의 따뜻한 한마디가 우리 모두를 행복하게 만든다!

오늘 칭찬할 만한 나의 언어

오늘 반성해야 할 나의 언어

출처

14쪽, JTBC 〈뉴스룸〉, '탐사플러스', 2015년 4월 29일

20쪽, 〈동아일보〉, '어린이들의 은어 속어, 가정과 학교가 협력하여 추방하자', 1964년 5월

33쪽, 김다애, 〈이투데이〉, '카드뉴스 팡팡-급식체, 너 한국말 맞니?', 2017년 10월 26일

50쪽, 김정윤, SBS 뉴스, '욕하는 아이들, 대화 습관 이렇게 고쳐보세요', 2013년 10월 8일

72쪽, 김춘수, 〈꽃〉, 한국문학예술저작권협회

82쪽, 〈동아일보〉, 1964년 12월 22일

89쪽, ENA 드라마 〈이상한 변호사 우영우〉, 1회 '이상한 변호사 우영우', 유인식 연출, 문지원 극본, 에이스토리 제작

90쪽, 임순현, 〈연합뉴스〉, '팩트체크-절름발이 정책도 장애인 비하?', 2020년 8월 4일

114쪽, KBS 청소년 언어문화 캠페인, 제8편 '욕설과 어휘력'

115쪽, 〈미국정신건강의학지〉, 미국 하버드 의대 마틴 타이커 교수팀 논문, 2010년

116쪽, SBS 일요스페셜, '말이 나를 바꾼다', 2013년 10월 20일

145쪽, 한섬, 《눈부시게 아름다웠던 나의 봄에게》, 〈꽃빛이 쏟아지던 밤에〉, 꿈공장플러스, 2022년

146쪽, 유안진, 〈지란지교를 꿈꾸며〉, 한국문학예술저작권협회

146쪽, 정한모, 〈가을에〉, 한국문학예술저작권협회

161쪽, 민병철 선플 운동 커뮤니티

162쪽, (재)선플재단·선플운동본부

표

31쪽, 올바른 한글 사용에 대한 설문 조사, 스마트 학생복, '청소년 신조어 사용 설문 조사'

41쪽, 초등학생이 욕을 사용하는 이유, 한국교육개발원

57쪽, 욕설 마케팅에 대한 설문 조사, SM C&C 설문조사 플랫폼 '틸리언 프로'

121쪽, OECD 국제학업성취도평가, 경제협력개발기구OECD, 교육부

133쪽, 학교폭력 실태 조사, 교육부 2022년 1차 학교폭력 실태 조사 결과 발표

사진

55쪽, '시로&마로'가 등장하는 광고, LG생활건강 유튜브, 페리오X시바, 취향저격
콜라보

64쪽, 쌍욕라떼, 위-최은비 님 블로그, 아래-Ezi 님 블로그

110쪽, 좋은 말, 나쁜 말 밥알 실험, 사람과배움 서로배움공동체 블로그

참고 자료

권희린, 《B급 언어, 세상에 태클 걸다》, 우리학교, 2018년

김청연, 《왜요, 그 말이 어때서요》, 동녘, 2019년

이건범, 《언어는 인권이다》, 피어나, 2017년

광양백운고등학교 1학년 학생들, 《급식체 사전》, 학교도서관저널, 2018년

정정희, 《10대, 우리답게 개념 있게 말하다》, 맘에드림, 2021년

도원영 외, 《욕 대신 말》, 마리북스, 2022년

최형규, 《청소년을 위한 개념 있는 언어생활》, 뜨인돌, 2021년

장슬기, 《그런 말은 전혀 괜찮지 않습니다》, 아틀, 2022년